夢は図にするとかなう

「1枚図解」でできる思考の整理術

池田千恵
株式会社 朝6時 代表取締役

水王舎

夢は図にするとかなう

「1枚図解」でできる思考の整理術

はじめに
がけっぷちの私を救った「1枚図解」

私が最初に「図解」の威力を知ったのは、今から20年以上前のことです。

そのころ私は大学3年生で、マーケティングのゼミに在籍していました。

ゼミでは目立った発言ができず、かといってゼミ以外の勉強の成績もパッとせず、これといった趣味もない。それにひきかえ、周囲の人たちは頭もよく、充実した日々をすごしていて、とても輝いています。なぜ私は彼らのようになれないのだろう……。悶々としたまま、時間だけが過ぎていきました。


大学に入学するまで、私は与えられた問題と答えを徹底的に暗記し、聞かれたらすぐ答えられるような勉強ばかりしてきました。

中学時代、担任教師に「ＩＱが低い」といわれた私ですが、暗記をすればテストではそこそこいい点がとれます。なのでこの「勝ちパターン」で、どうにか、たいていのことに対応していました。

しかし高校までと違って、大学の勉強では自分の頭で考えることが要求されます。答えの丸暗記という得意のパターンが通用しないのです。

いままでは渡された地図に沿って淡々と進んでいけばよかったのに、いきなり地図を取り上げられたような気持ちでした。暗闇にたった一人で放り出されてしまったような心細さを、今でもはっきり覚えています。

ゼミの同級生たちに少しでも追い付こうと、毎週末に図書館で、マーケティングの本を貸出限度いっぱいの10冊借りてきました。

しかし、読んでも読んでも、なかなかゼミのディスカッションに参加できません。焦れば焦るほど、本の内容が頭の中を素通りしていくようでした。

大学ではマーケティングのほかにスペイン語を学んでいました。

海外に行けば何かが変わるかもしれないと思い、スペイン語圏のコスタリカやメキシコで、ホームステイをしながらのボランティアを支援する団体から申込書を取り寄せたこと

もあります。でも、

「ホームステイできるほどの語学力なんてないし」

「ホームステイするにはアルバイトのお金じゃ足りないし」

「親が危ないと心配するし」

など、いろいろな理由をつけて直前にキャンセルしてしまいました。

ボランティア団体の担当者からは、

「あなたはボランティアを海外旅行と勘違いしている。だからホストファミリーや私たちスタッフの準備がどれだけ大変だったかを知らずに直前にキャンセルできるんだ。もう二度と連絡してこないでください。迷惑です」

と電話口で怒鳴られました。


「サークル活動を一生懸命すれば、生き甲斐が見つかるかもしれない」

と、所属していたサークルの経理係に立候補しましたが、どんぶり勘定のせいで文化祭の出店を赤字にしてしまう始末。

「パラグライダーで空を飛んでみたら何かが変わるかも」

と、別のサークルに申し込みましたが、高いところが急に恐くなって結局一度も参加しなかった、という情けないこともありました。

自分は一体どこに向かっているのだろう。何がしたいんだろう。ふがいなさに、とことん落ち込みました。

「自分は何をしてもうまくいかない。何か行動を起こそうとしても一歩が踏み出せない。なのに、まわりの友人や先輩は勉強ができる上、趣味や夢を持ってキラキラ輝いている。毎日が楽しそう。どうして自分はあんなふうになれないのだろう」

と自己嫌悪に陥る日々。

ついには、自分には存在価値がないとまで考え、拒食症や過食症になり、半分引きこもりの日々を送るようになりました。

そんなとき、ふと、

「マーケティングの本に載っている〝SWOT分析（強み、弱み、機会、脅威の分析）〟は、もしかして企業の戦略策定だけでなく、私という人間の分析にも使えるかも。SWOT分析にあてはめて自分を掘り下げてみたら、今の辛い状態から抜け出せるかもしれない」と思いつき、1枚の図を書いてみたのです。

プライドが邪魔をして、友人にも悩みを打ち明けられなかった私には、マーケティングの本しか、すがるものがありませんでした。

追い詰められて進退きわまり、やけっぱちになったときに思いついたのです。

そのとき私が書いたのが次の図です。

大学生が聞きかじりで書いた分析ですから、とても稚拙で、今となっては見られたものではありません。

それでも、**図を書いて自分の現状を冷静に見つめ直す**ことは、心の中のモヤモヤが晴れてくるようで、とても気持ちよかったのです。

その結果わかったのは、**自分が弱みと感じていたところは、見方を変えれば強みにもなる。友人のほうが優れている部分も確かにあるけれど、自分にだって、友人に比べて優れたところがないわけじゃない**ということでした。

SWOT分析

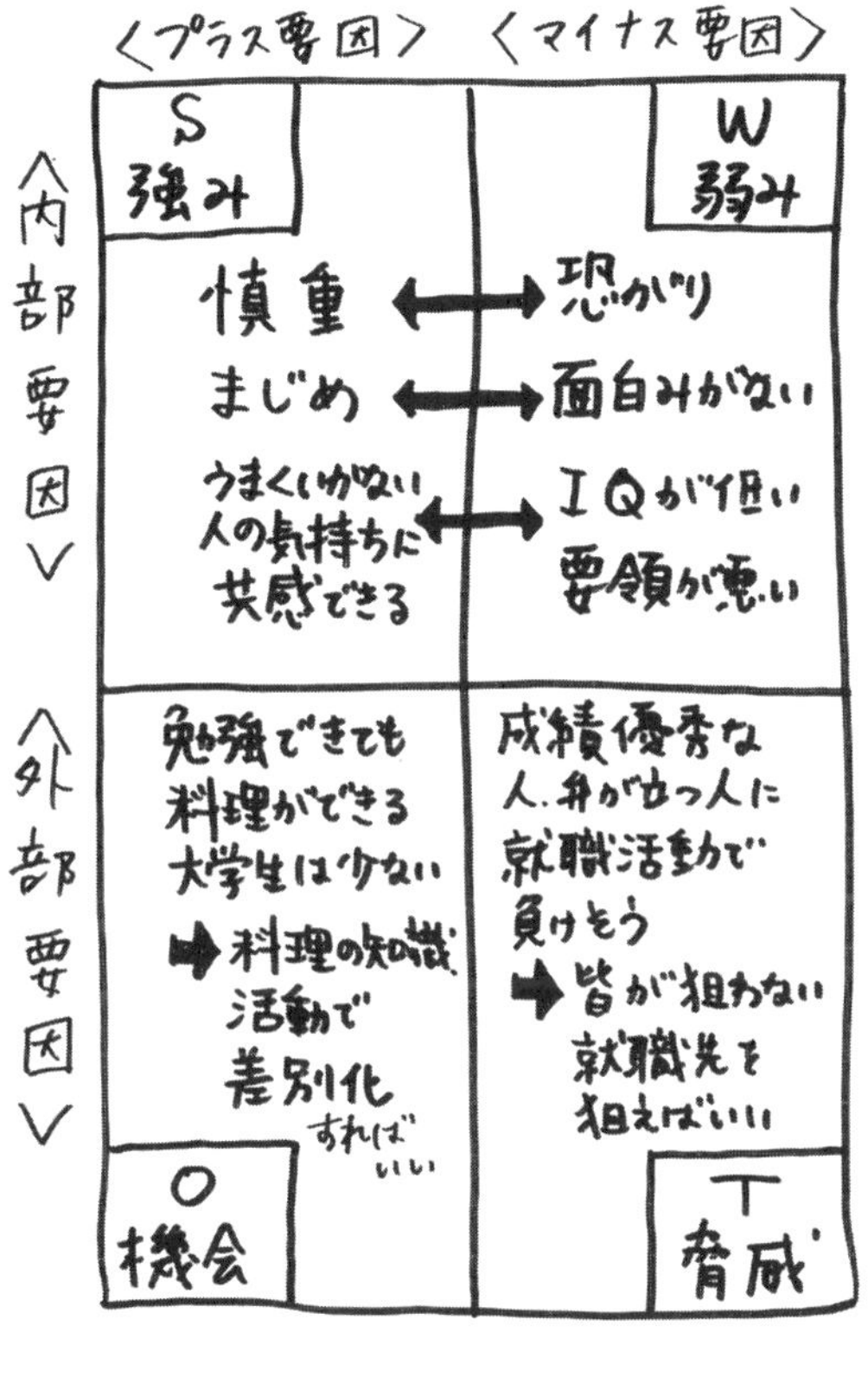

提唱者：ハーバード・ビジネススクール／ケネス・アンドルーズ氏他、1960年代

「なんだ、そうだったのか。私は器用で優秀な人たちとは、生い立ちも環境も性格も違う。つまり前提が違うのに、まるで前提が同じであるかのように、彼らのフィールドにむりやり自分をあてはめようとしていたんだ。だから辛かったんだ」

「彼らと同じ土俵で張り合うんじゃなくて、私の得意なところで戦おう」

と、吹っ切ることができました。

私のような凡才が天才や秀才に勝つためには、彼らのきらびやかな表面だけに目を向け、そこで張り合っていても無駄だと初めて気づいた瞬間でした。


今まで見ないことにしてきた現実。

それは「私は私でしかないし、私にしかなれない」、ただそれだけのことでした。

この現実を、図にすることで改めて見せつけられるのは、できない自分を認めてこなかった私には辛いことでした。

しかし、「何もないからこそ、自分ならではの道を考えよう」「ゼロの自分から逃げずに向かい合い、成長していこう」という強さと勇気が少しずつわいてきたのも確かです。

もう周囲をうらやむのはやめよう。自分にできることを考えていこう、と気持ちを徐々に切り替えることができるようになりました。

つまり、図を使うことで、耳が痛い話から逃げない覚悟を持てるようになったのです。

もちろん、この図1つですべてが一気に順風満帆になるというわけにはいきませんでした。

折しも超氷河期といわれる時代。就職活動では30社以上受けましたが、面接まで行ったのは4社のみ。そして採用されたのは、たった1社です。

周囲から見れば、悲惨だったかもしれません。

しかし1社でも、こんな私を拾ってくれるところがあることが救いでした。

あのときの図がなかったら私は、

「まわりの友人はどんどん大企業に就職が決まっているのに、私は1社しか選択肢がなかった」と落ち込み、心がポキンと折れてしまっていたことでしょう。

これで絶対に夢がかなう！「ＰＰＴの法則」

その後さまざまな縁が重なり、私は新卒で入った会社をやめて外資系の戦略コンサルティング会社で働くことになりました。**そこで改めて、図の威力を目の当たりにしたのです。**

私の配属された部署は、資料作成部門。そこで6年間、**毎日50～100枚、累計で7万5000枚以上の資料をパワーポイントで作成し、見続ける**経験をしました。

ご存じの通り、コンサルティング会社は仕事をうまくいかせるための思考の枠組みである「フレームワーク」の宝庫です。フレームワークの多くは図にすることができますから、コンサルタントたちはクライアントの問題を解決し、目標を達成させるために、さまざまな図を駆使して思考を深めます。そしてクライアントを説得するために、図を多用してプレゼンテーションします。

ですから私の在籍した部署は、いわばコンサルティング会社の思考過程がすべて集まる、「問題発見・解決スキルの集積所」だったのです。大学時代、図のお陰で救われた経験がある私にとって、大量の図に触れることができる環境はとても楽しいものでした。

興味を持って作り続けていくうちに、図によって心動かされたり、もやもやした頭がクリアになったりすることが楽しくて、ますます図で考えることの魅力にはまっていきました。

そしてさらに経験を積んでいくうちに、**私の発見したある法則に基づいて自分の考えを深めたり、相手に伝えたりすると、仕事もプライベートもうまくいくことに気づきました。**この仮説を自分でも試してみたり、夢をかなえている人にインタビューして、仮説が間違っていないという確信を得たのです。

私自身についていえば、「図」で考えて行動したその結果として、次のような成果を得ることができました。

- ２００９年より図解コミュニケーションを推進する講師として活動を開始、クライアントは一部上場企業、外資系企業、官公庁、地方自治体など多岐にわたります
- 「朝活」がブームとなる前の２００９年より開催している朝食会「早朝グルメの会」は会員数１１００人。「朝活ブームの仕掛け人」と言われるようになりました
- 『「朝4時起き」で、すべてがうまく回りだす！』が、3万部でベストセラーと言わ

れるビジネス書の世界で、ムック・文庫本あわせて12万部となりました

・2012年より開催の「働きウーマンに贈る 私であるための企画力講座」受講生は、大学の契約職員から正規職員へ／会社の海外派遣プログラムに合格／価値観が明確になり結婚決定／入社以来の最高評価を記録など、様々な分野で活躍をしています

・経営戦略としての朝活用を推進する「株式会社 朝6時」を創業。「朝活」を企業の働き方改革にまで広げ、朝型勤務導入コンサルティングを行っています

図が持つ力はパワフルです。自己の個性、得意分野、進路や将来ビジョンが見つからないという、漠然とした不安や悩みでも、ある法則を使って図を書くと明確になります。明確になることで、しっかりと地に足がついたキャリアプランが描けるようになるのです。

でも、これらの成果は、20年前の私なら想像すらできなかったものです。すべては私が見つけた法則にしたがって行動した結果です。

では、その法則とは、いったいどんな法則なんだろう？　と興味を持たれたでしょうか。

実はその法則とは、だれにでもわかる、とてもシンプルなものです。

P・P・Tという3つの項目を意識して目標を設定し、P→P→Tの順番で行動する、

ただの夢を現実のものにする「PPTの法則」

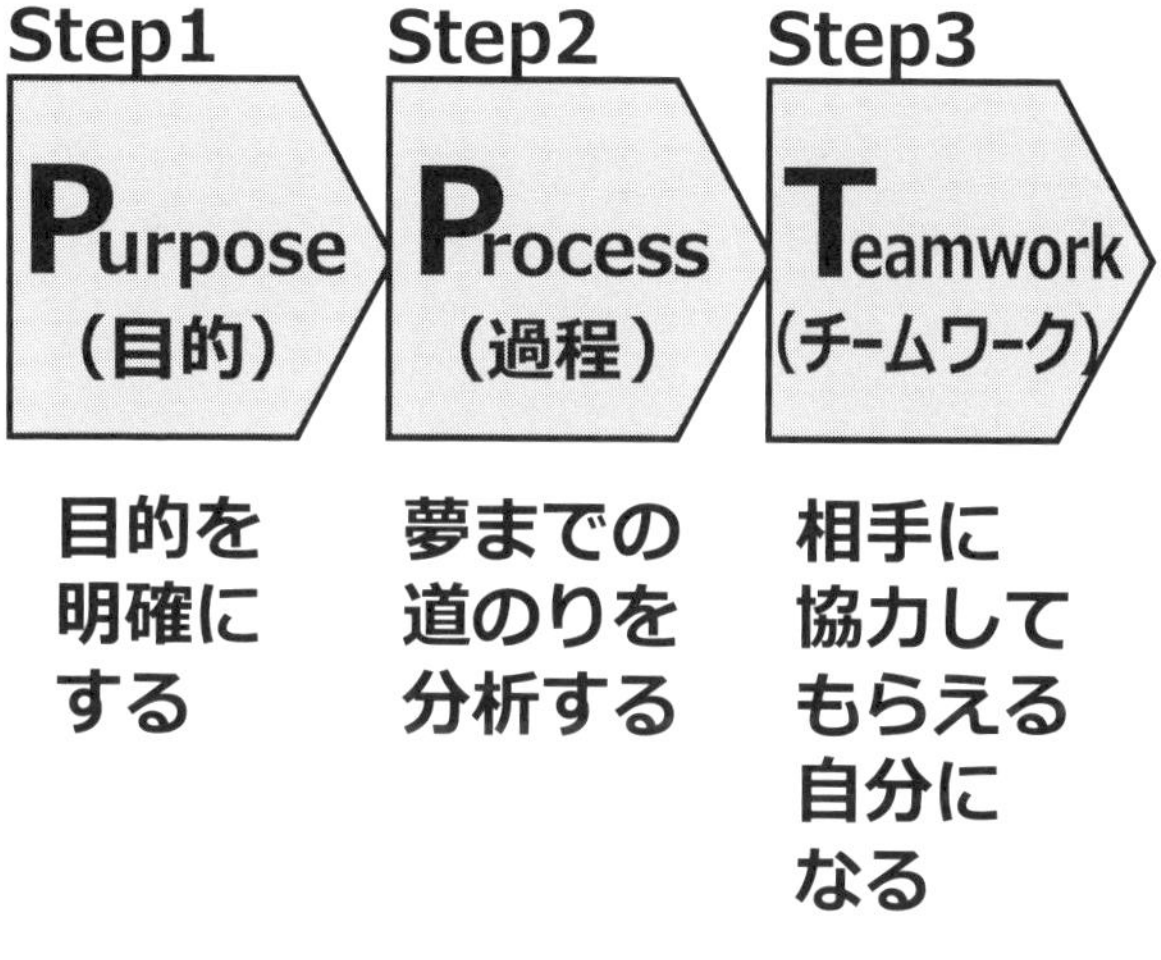

ただそれだけのことです。

「PPT」とは、以下の略です。

P＝Purpose：目的（目的を明確にする）
P＝Process：過程（夢までの道のりを分析する）
T＝Teamwork：チームワーク（相手に協力してもらえる自分になる）

あなたが夢を見つけて、達成していく過程には、かならずこの「PPT」が含まれています。

明確な目的（Purpose）がないと、人の意見に影響されやすく、ちょっとしたことで簡単に目的を見失ってしまいます。その上、結果につながらない無駄な努力を繰り返してしまうのです。

夢までの過程（Process）を分析せず、ただ「うまくいけばいいな」と願うだけなら、いつまでたっても夢はかないません。

PPTのどれを欠いても夢は現実化しない

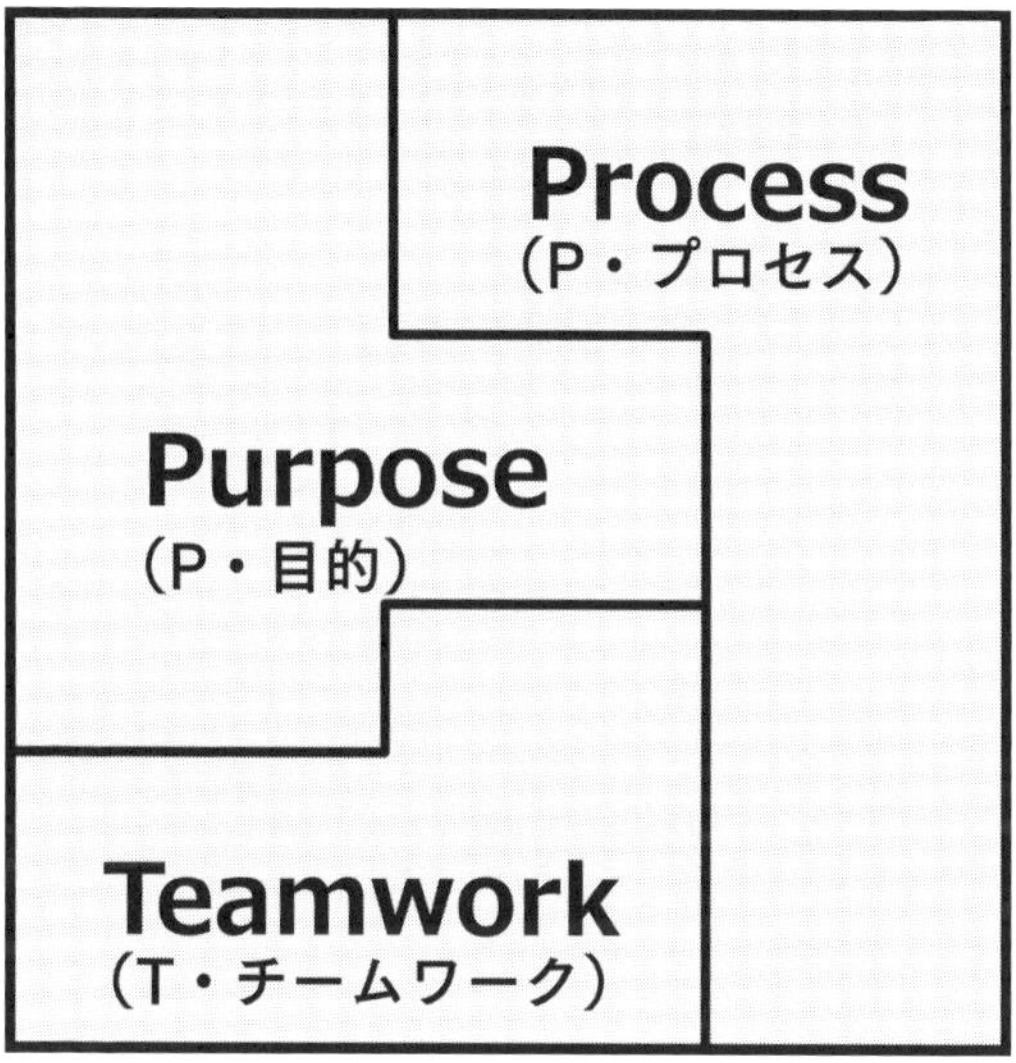

チームワーク（Teamwork）が必要なのは、夢は自分一人だけでは絶対に達成できないからです。独りよがりにならずに周囲に相談したり、仲間から助けられたり助けたり、といったチームワーク（Teamwork）が必要なのです。

つまり、「PPT」はパズルのピースのようなもの。どれが欠けても夢をかなえることはできません。

また、この「PPTの法則」は、「毎朝早起きをする」というような、夢と呼ぶには小さすぎるようなちょっとした目標達成から、**「起業して世の中のためになる」というような大きな夢にまで幅広く使えます。**

その上、夢のステージが上がるごとに、また新たな「PPT」を設定し、それをクリアしていくことで**どんどん夢の舞台が広がっていきます。**

私はこれを、**「PPTスパイラルモデル」**と名づけました。

この「PPT」の要素は、あたりまえすぎて誰も明確にしてこなかった、夢を現実化するための基本の手順でもあります。皆が頭ではわかっているにもかかわらず、どうしたら

PPTスパイラルモデル

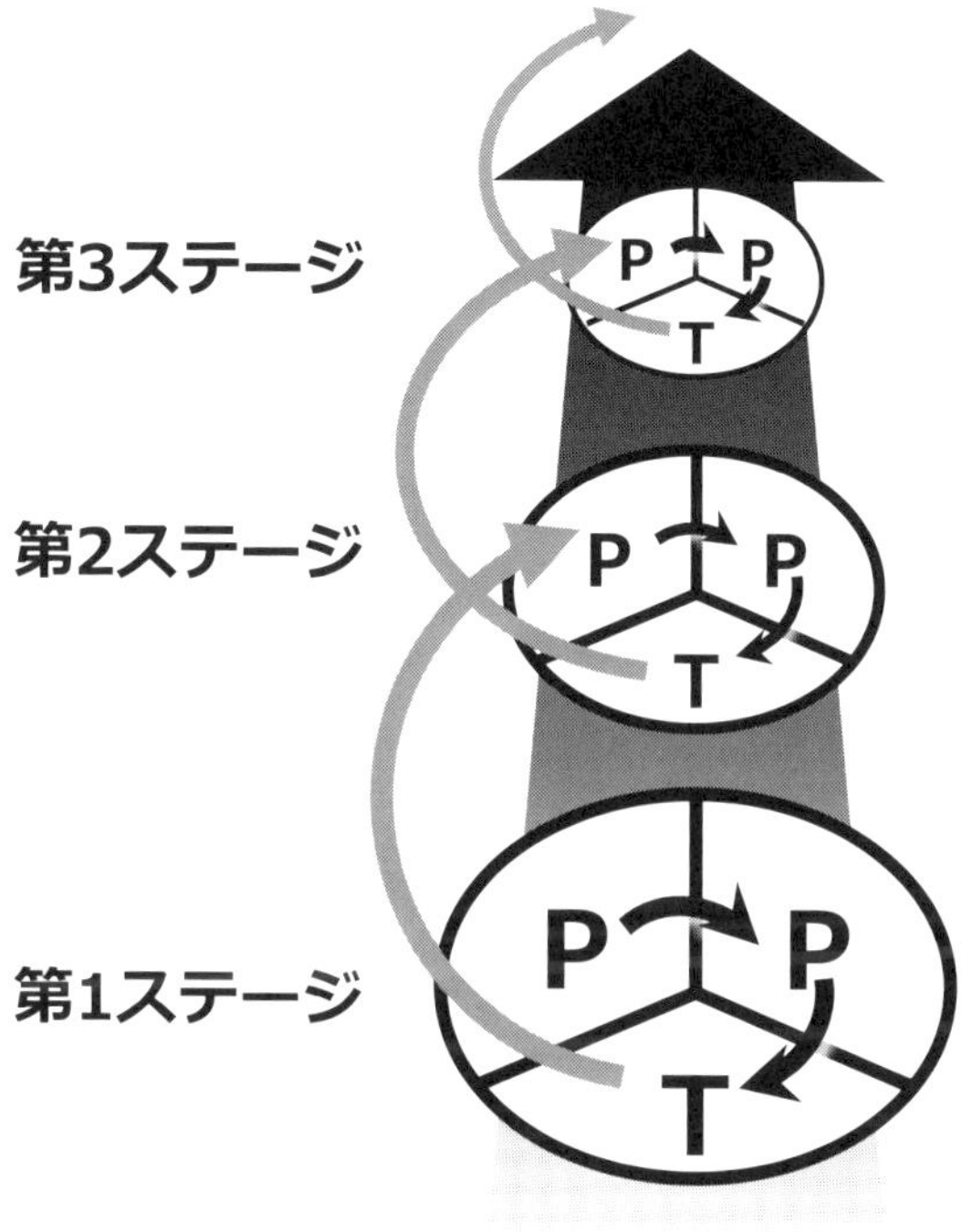

**PPTを繰り返していくことで
どんどん高く、遠くに行ける**

実行できるかがわからなくて、結局実行しきれなかった法則だともいえるでしょう。

どうしたらこの法則を実践できるのかと実行可能性を探り、試行錯誤を繰り返した末に編み出した方法が、この本で紹介する「**1枚図解**」です。

「PPT」を実行するためには、本書に掲載した図が何点か必要です。それらの図は、1つのテーマにつき必ず1枚の図で完結するように設計されています。これらの図に文字を書き入れていくことによって、あなたの夢はよりはっきりと、現実的で、実行可能なものになっていくのです。

夢に向かって一歩一歩、踏み出そう!

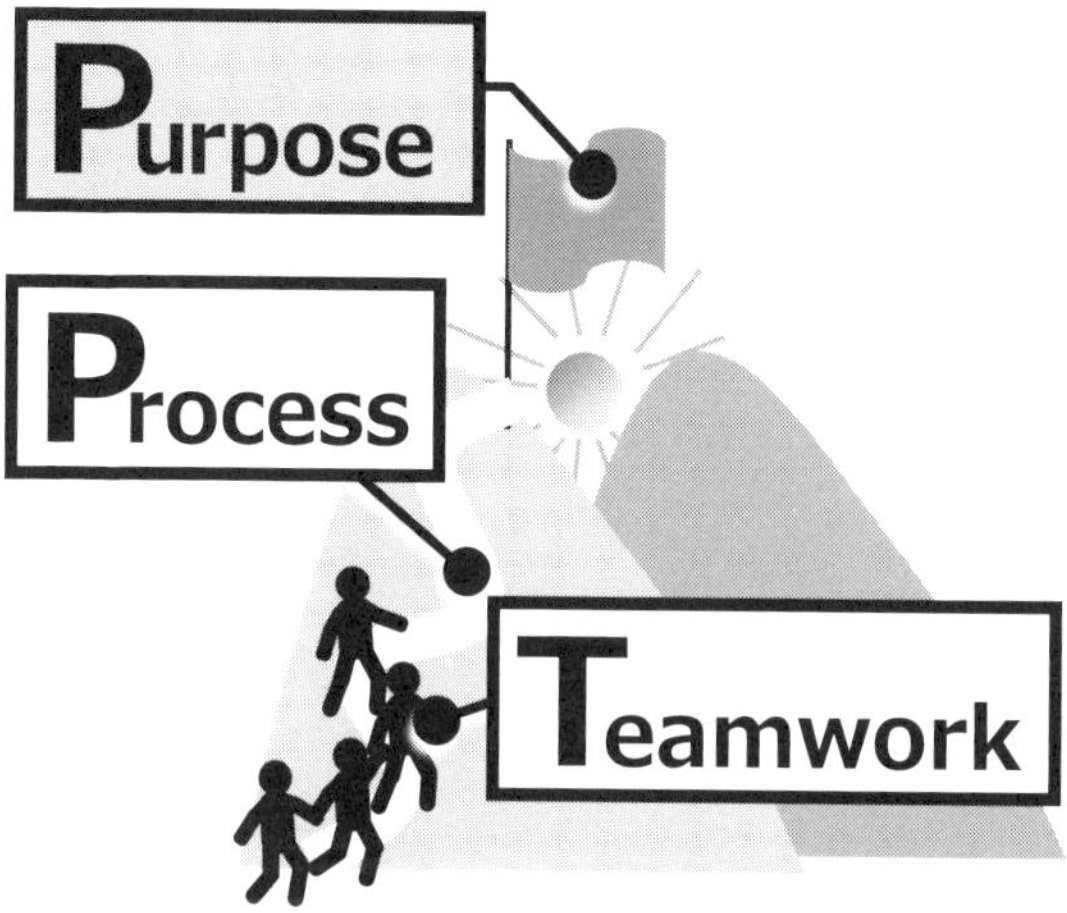

**「PPTの法則」を使えば
すべてがうまく回りだす!**

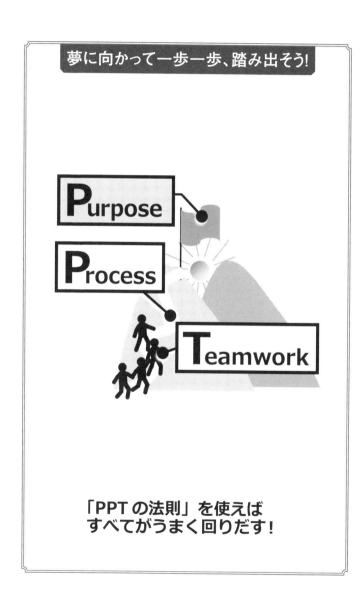

考える「PP」と、伝える「T」で夢が現実になる

ここで「PPT」の3項目のそれぞれの機能についてお伝えしましょう。

P（目的）と**P（プロセス）**を考えることは、**あなた自身の過去、現在を見つめ、じっくり夢と向き合う手助け**となります。これは人に聞いたり相談したりして決めるものでなく、1人で取り組むことで見えてくるものです。

とはいえ、孤独に自分と向き合うばかりだと、行き詰まったり、逆に独りよがりになって暴走したりしがちです。P（目的）とP（プロセス）で検討したものが、果たして**周囲に受け入れられるか、協力してもらえるかをテストする役割をT（チームワーク）**は担っています。

つまり、はじめの2つの「P」はあなたの内部を見つめるためのものであり、「T」は外に仲間を作るためのものです。

この3つのバランスが取れてはじめて、あなたの夢は現実化します。

考えるPPと伝えるT

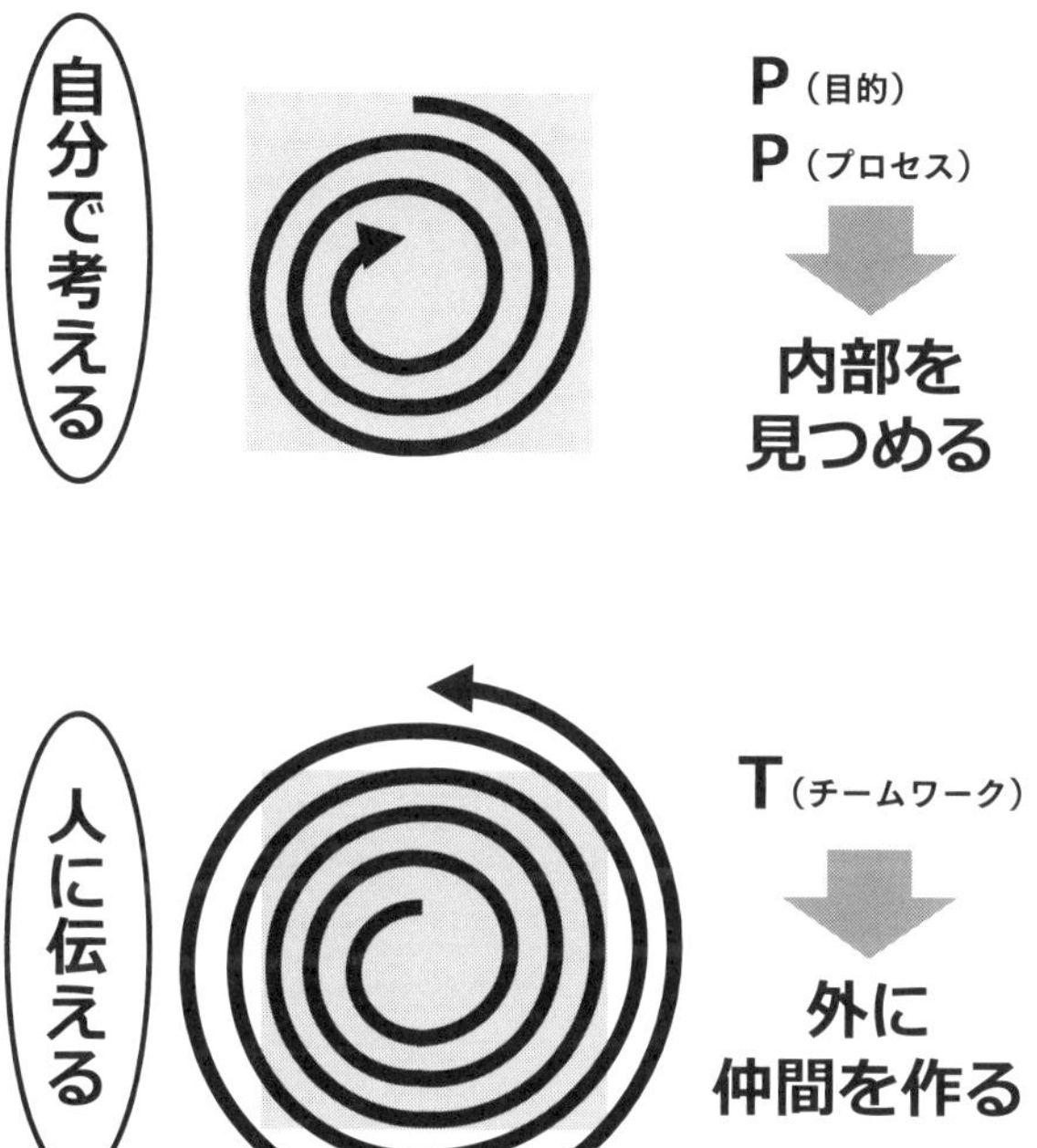

たった1つのテーマに集中するための「1枚図解」

この本で紹介する「1枚図解」は、「**1テーマにつき1枚ずつ図解する**」というものです。目的やステージに応じて、それぞれのテーマを1枚ずつ図解することにより、解決策が浮かび上がるように設計されています。

なぜ「1テーマ1図解」か。

それは、**あなたに1歩ずつ着実に、目標に向かってほしいから**です。

私は、自分の過去の失敗を振り返り、頑張っているのになかなか夢を実現できない人には、次の2つの共通する特徴があるのではないかと思うようになりました。

①自分の現状を把握できず、身の丈を超えた高い目標をいきなり掲げる
②複数の目的をたった1つの手段だけでかなえようとする

私は新卒のときワタミ株式会社に入社しました。将来起業するという夢をもっていた私にとって、創業社長の考えを近いところで学べる環境は願ってもないものでした。

入社後、私は東京都内の店舗に配属になりました。

そこでまず私が取るべき行動は、直属の上司である配属店の店長から、仕事の仕方を素直に学ぶことでした。

しかし私は、いきなり「社長」になろうとしてしまったのです。

身の丈を知らずに経営会議を聴講したり、社長の著作を読んで、「経営者はかくあるべき」という考えを実践しようとしたりしていました。

自分に一番近い先輩である店長から学ぶべきことが山ほどあったにもかかわらず、功を焦り、雲の上の人の仕事ぶりを真似しようと思ったわけです。

当然のことながら、気持ちと中身が追いつかずに失敗を繰り返しました。

1つの行動だけでいろいろな結果を出そうとして、混乱することもしばしばありました。

「社長になるには、リーダーシップと経営戦略策定能力と会計の知識とコミュニケーション能力を身につけよう」というように、一度にたくさんのことをやろうとしていました。

結局、目の前の仕事をおろそかにしてしまい、何も実現できないままでした。

夢というものは、それが大きなものであればあるほど、そのときどきのテーマに沿って、1つ1つ手順を踏んでいかなければ実現しません。そればかりかテーマ設定が間違っていると、夢そのものも間違った方向に進んでしまうのです。

とはいえ、自分を客観的に見て、身の丈に合った目標を設定するのは難しいものです。自分では1つの目的だと思っていても、2つの目的に向かって無駄な努力をしてしまうこともあるでしょう。

こういった問題を解決するために「**1枚図解**」があります。

「1テーマ：1図解」をルールとすることにより、1つのテーマに集中することができます。つまり、**あちこちに気持ちがブレることなく、目の前の問題に取り組むことが可能になります。**

また、一度図にして眺めることにより、目的が複数になっていたり、ずれていたりしていないかを冷静に見直すことも可能になります。

まずは「1枚図解」で小さなステップをつくり、それからPPTの法則に沿って行動することが、一見遠回りに見えても一番の近道なのです。

「1枚図解」で自分の欠点に目をそらす！

図というものは、とてもパワフルなツールです。

そして図解は、あなたの頭の中を洗いざらい吐き出す作業です。

やる気になり、ワクワクすることもある一方、図を使うことによって、忘れていた過去の辛い気持ちを思い出してしまうかもしれません。現在の認めたくない現実を見ることになるかもしれません。

しかし、目を背けないでください。

目をそらしてきたものから逃げずに立ち向かい、ゼロからリセットすることによって、今までさまざまな方向に分散されていたあなたのエネルギーが一点に集中し、人生を一発逆転させるようなパワーが生まれるからです。

今ある環境を人のせいにせず、逃げずに立ち向かう。夢を夢で終わらせないために、正しい方向に努力する方法を、図を使うことで頭にインストールしてください。

自分に勝たずして、他人に勝つことは不可能です。

図を使って徹底的に考え、過去の自分を深く深く掘り下げていきましょう。掘り下げた先には、ダイヤモンドが眠っています。ダイヤモンドさえ見つかれば、あなた自身がこれまで積み重ねてきた歴史や個性を受け入れ、前に進むことができるのです。

さあ、さっそく紙とペンを持って、あなたの夢を一緒に見つけ、現実にしていきましょう！

2016年4月

株式会社 朝6時　代表取締役　池田千恵

◉この本の構成と使い方

1〜2章では、なぜ図が夢の現実化に効果的なのかを、私の体験を通じてお伝えします（図が夢をかなえるのに効果的なことをご存知でしたら、読み飛ばしていただいて結構です）。

3章で、「図」を書く前段階の「基本のき」として、ノートやペンなどの文房具の選び方、図解のルールを具体的に述べます。

4章以降では、PPTの順番に沿って、実際に図に記入できるようになっています。

まずはテーマに応じた図を使ってどんな内容を入れていくかという具体例を書いています。具体例では私が実際に使った図や、昔失敗した経験を思い出し、「こうすればうまくいったのに」と今ならわかることを下敷きにしています。それぞれの図の左上には、PPTのどの部分が含まれているかがわかるようにアイコンを入れています。PPTは、密接にからみ合っているので、たとえばT（チームワーク）の図の中にP（目的）が含まれる例もあります。

また、記入をする上でのポイントもご説明します。それを参考にして、次のページに掲載されている図に、あなたの悩みを書いてみてください。

すでに述べたように、PPTは小さな目標から大きな夢までどんなテーマにでも幅広く応用できます。

本に直接書き込んでもいいですが、ステージが上がるごとに何度も使うことができるので、ノートに写したり、拡大コピーをしたりしてそちらに書き込むことをおすすめします。

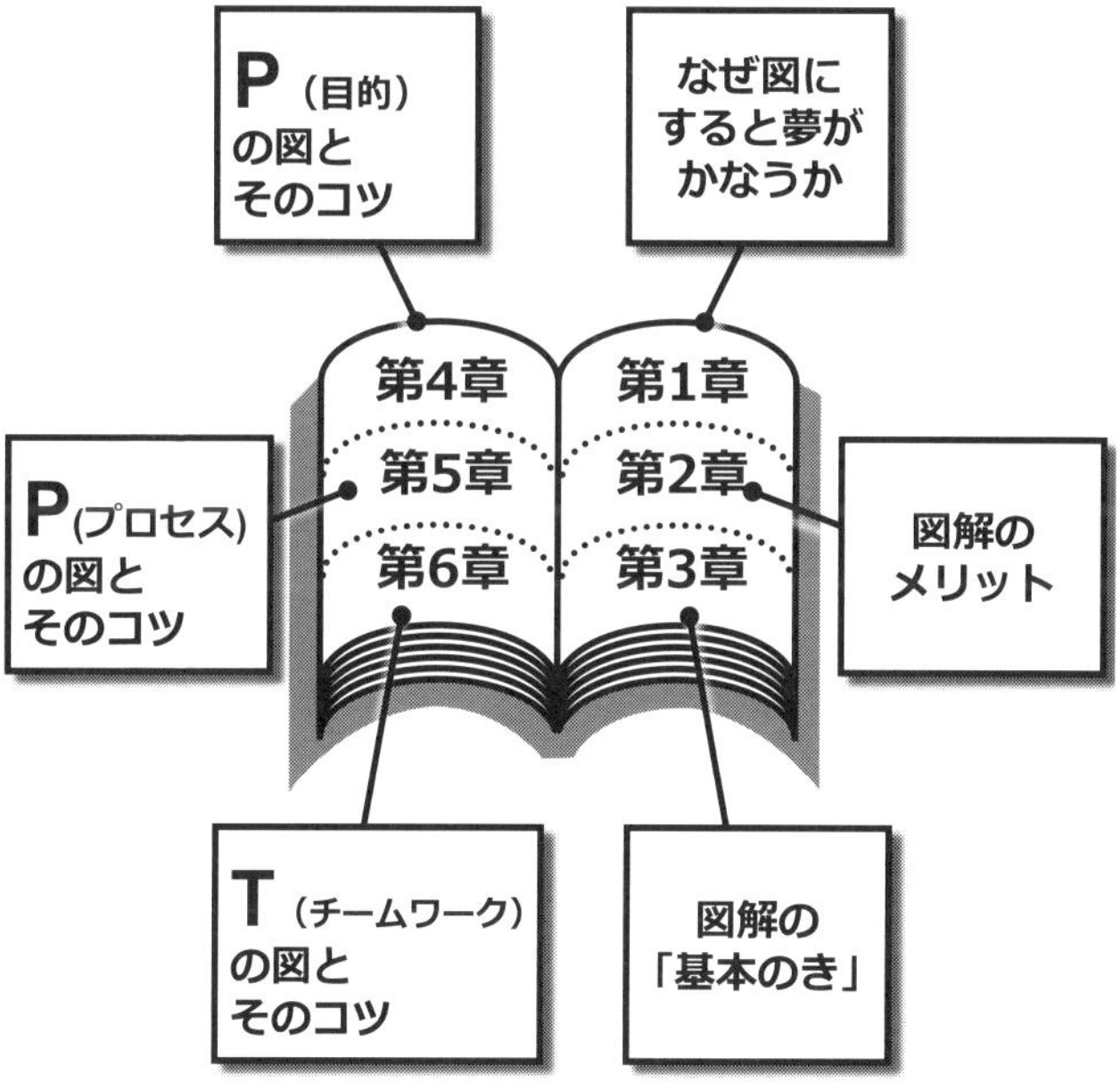

夢は図にするとかなう　「1枚図解」でできる思考の整理術

目　次

はじめに

第1章　なぜ図解にするだけで夢が現実になるのか

第2章 夢は図にすることでスモールステップに分解できる

第3章　図解の前に覚えておきたいさまざまなコツ

第4章 P（目的）を探すための図を書いてみよう

第5章 P（プロセス）を使った図を書いてみよう

第6章 T（チームワーク）を使った図を書いてみよう

おわりに

第1章

なぜ図解にするだけで夢が現実になるか

◎あなたはジグソーパズルをつくった経験がありますか?
◎不規則に切断されたピースの1つひとつを眺めても、それ単独ではパズルのどの部分に当たるか、まったく見当がつきませんよね。ああでもない、こうでもないと試行錯誤を繰り返したのち、それぞれのピースがぴたっと当てはまったとたん、急に全体像が見えてきます。
◎図解もジグソーパズルと似ています。
◎問題の解決策や夢の実現方法は、一見、まったく関係ない形で現れます。それを並べ替え、整理していくうちに視界が広がって行きます。すると勢いがつき、どんどんピースをつなげていくことができるようになるのです。
◎この章では、このような図解の機能と、「どうして図解するだけで夢が現実になるのか」についてお伝えします。

図解でスッキリ！頭の中が整理できる

私は現在、「図解化コンサルタント」として活動しています。聞き慣れない職業だと思いますが、ひと言でいえば、複雑なものごとを「図」にすることでわかりやすくする仕事です。「図」にすることは、素晴らしい力があります。企業や個人のさまざまな活動・想い・意志を図解にするだけで相手に伝わりやすくなりますから、お互いの理解は深まりますし、たとえば営業の仕事をしている人なら、商品のよさを「図」にするだけで成約率を上げることも可能です。

「図にすること」にはそれだけ素晴らしい効果がありますから、私がクライアントとミーティングをするときも、担当者と話し合いながら、

「つまり、あなたの言いたいことはこういうことですよね？」

と図を書いて説明することもあります。

図解することにより、**一見バラバラに見えたものごとが、きれいに糸が通ったようにつながって見えたり、巨大な岩のように目の前に立ちはだかっていた難題の解決の糸口が見**

えたりするのです。

ほとんどの場合、図ができあがると、クライアントは「そうそう、まさにそうなんです！」と、スッキリした顔をされます。

「自分の**伝えたいことがわかりやすく『見える化』**されたことで、自分の進むべき道がわかった」とおっしゃる方も多いですし、文字ばかりの文章よりも、言いたいことをシンプルにまとめた図があることで資料が引き締まる、という感想もいただきます。

図解には、ものごとをすっきりまとめて、本質を見つけやすくするという機能があるのです。

しかし、図解はそれだけにとどまりません。

それは**夢や目標も現実のものとして、ぐっと身近に引き寄せる機能です。**

誰にでももわかりやすい形で自分の考えを整理することで、自分の事業や想いの方向性を改めて第三者視点で眺め、新たな視点を得ることができます。そのためにも、図解はとてもパワフルなツールなのです。

図で整理すると、今のモヤモヤの正体がわかる

なんだか得体の知れない不安やイライラがあって、落ちつかない。でもそのモヤモヤを洗いざらい書き出したら、なんだか頭も心もスッキリしてきて、「あれ？　私どうして、こんなことで悩んでいたんだっけ？　今悩んでも仕方がないことを堂々巡りで考えていただけじゃない」と気づく。そんな経験はありませんか？

実は、**漠然とした不安を抱いているときは、「何をすべきかの全体像がわかっていない」**ことが多いのです。

頭の中が整理されていないから、
「あれもこれもしなくちゃ、でもできない」
「問題があるような気がするけれど、その根本原因がわからない」
ということになり、それでますます不安になるのです。

整理がつけば、

「ああ、自分は今、この問題で悩んでいるんだ。これを取り除けば、状況はよくなる」

「まずはここから手をつければいいんだ」

と、わかるようになり、それだけでも迷いが晴れて気持ちが軽くなります。

でも漠然とした不安をとりとめもなく書き殴ったノートは、見直すことを考えるだけでも、うんざりしてしまいますよね。

そんなときに図解の技術を知っていると、頭の中から出し切った不安をきちんと交通整理することができます。問題を書き出して整理し、悩んでいたことが図の中のどの位置にあるかを認識できれば、自分の抱える問題が明らかになり、どこから一歩を踏み出せばいいかもわかるようになります。自分が今何をすべきか、何が足りないかが、図にすることでより明確になってくるのです。

図に自分の不安要素を淡々と書き出して、眺めてみると、「本当に不安なこと」は意外と少ないものだと気づき、前に進めるようになります。

つまり、**図解さえできれば、自分の現状を客観視することができ、次に進むべき一歩を踏み出すきっかけも必ずつかめる**のです。

「自分年表」で過去を振り返り、夢の根拠を見つけだそう

「夢なんかない」という人でも、日々、「こんなことがあると嬉しい」、「あんなことがあると嫌だ」、という、好き嫌いの感情は持ち合わせているはずです。

今まで生きてきた人生は、決して平坦ではなかったはずです。なんでもうまくいって調子がよかった時期もあれば、逆にすべてが悪い方に動いてしまう時期など、さまざまな時期があったでしょう。

そこで起きたできごとを、ただ何となく、「あのときはラッキーだった」「〇年前は本当に大変だった」と、感情だけで振り返るのではなく、**その時期に何があったかという事実と、その原因・結果を、ここで紹介する「自分年表」という図を使って、じっくり振り返ってみましょう。**

そうすることにより、自分の性格・思考の癖や、次に気をつけるべき注意事項などがおもしろいほど明らかになってきます。

人生の浮き沈みを自分年表で把握しよう

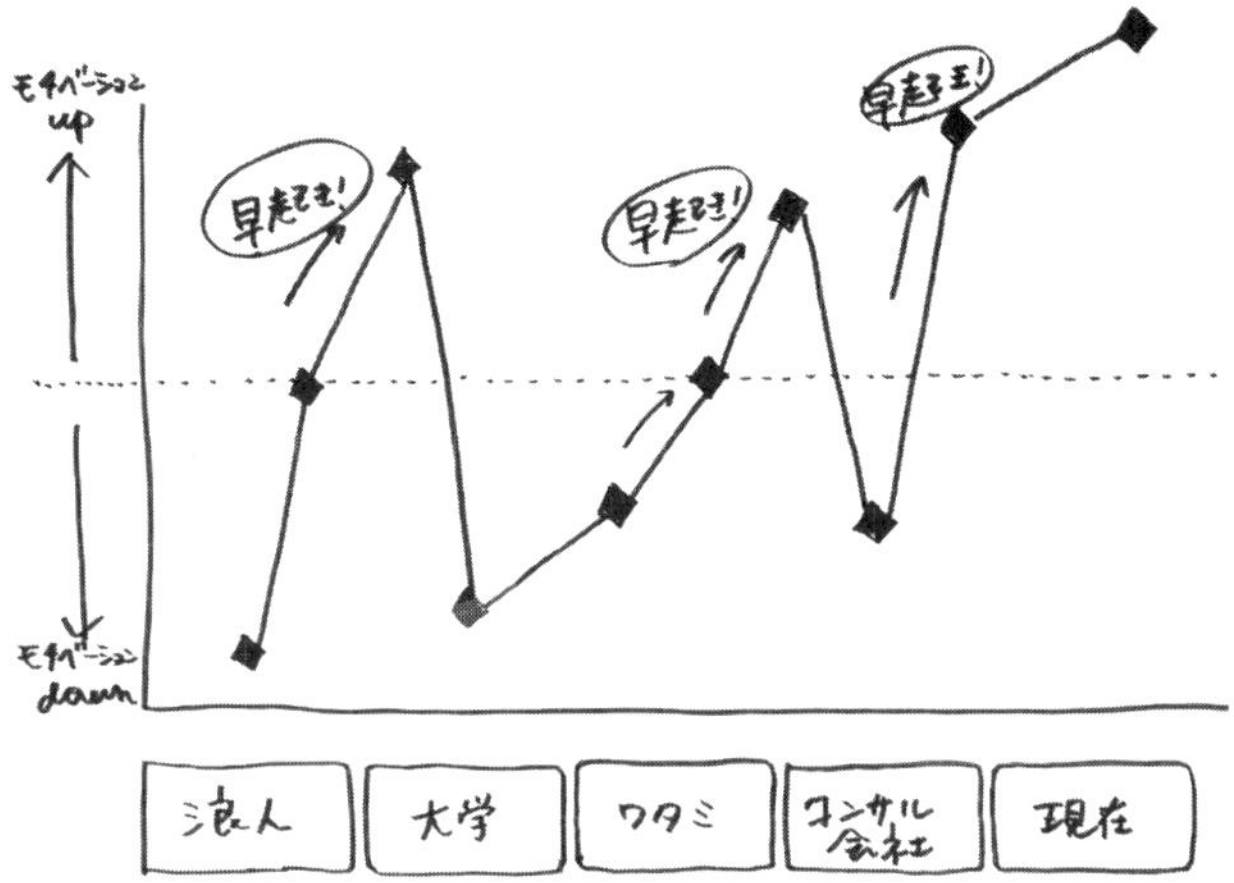

私はこの「自分年表」を書いてみて、いつも辛い時期を乗り越える手段として「早起き」があった、ということに気づきました。それが『「朝4時起き」で、すべてがうまく回りだす！』（マガジンハウス）発行プロジェクトのスタートでした。

どうして私は4時起きにこだわるのか。この本を出さなければいけない理由は何か。その根拠も、図を使ったお陰で見つけることができました。

夢を現実にするには、スタートとゴールの設定から

あなたがカーナビやネットの乗り換え案内サービスを使うときを思い出してみてください。現在地と目的地を入力しなければ、そもそもサービスを利用することさえできません。つまり、**スタートとゴールがわからないと何も始まらない**のです。

夢を現実にする過程でも、それと同じことが言えます。

まずは自分の今いる位置と夢までの距離を測ること。それをせずにただぼーっと「かなえばいいいな」と考えているだけでは、何一つ前に進みません。

自分の進む道、今いる場所を確かめる際にも、図解は威力を発揮します。

たとえば、修学旅行などで配られる「旅のしおり」では目的地、所要時間、おすすめポイントなどがタイムテーブルとなってきれいに並んでいます。これを見ると、自分が今どこにいて、これからどこに行くのか、いつまでにどんな準備をすればいいのかが一目瞭然です。**自分の頭の中だけで計画するのでなく、頭の中をまずしっかり洗い出して、「見える化」する。**すると、自分が今何をどうすべきかがわかるようになります。

現在地と夢までの距離

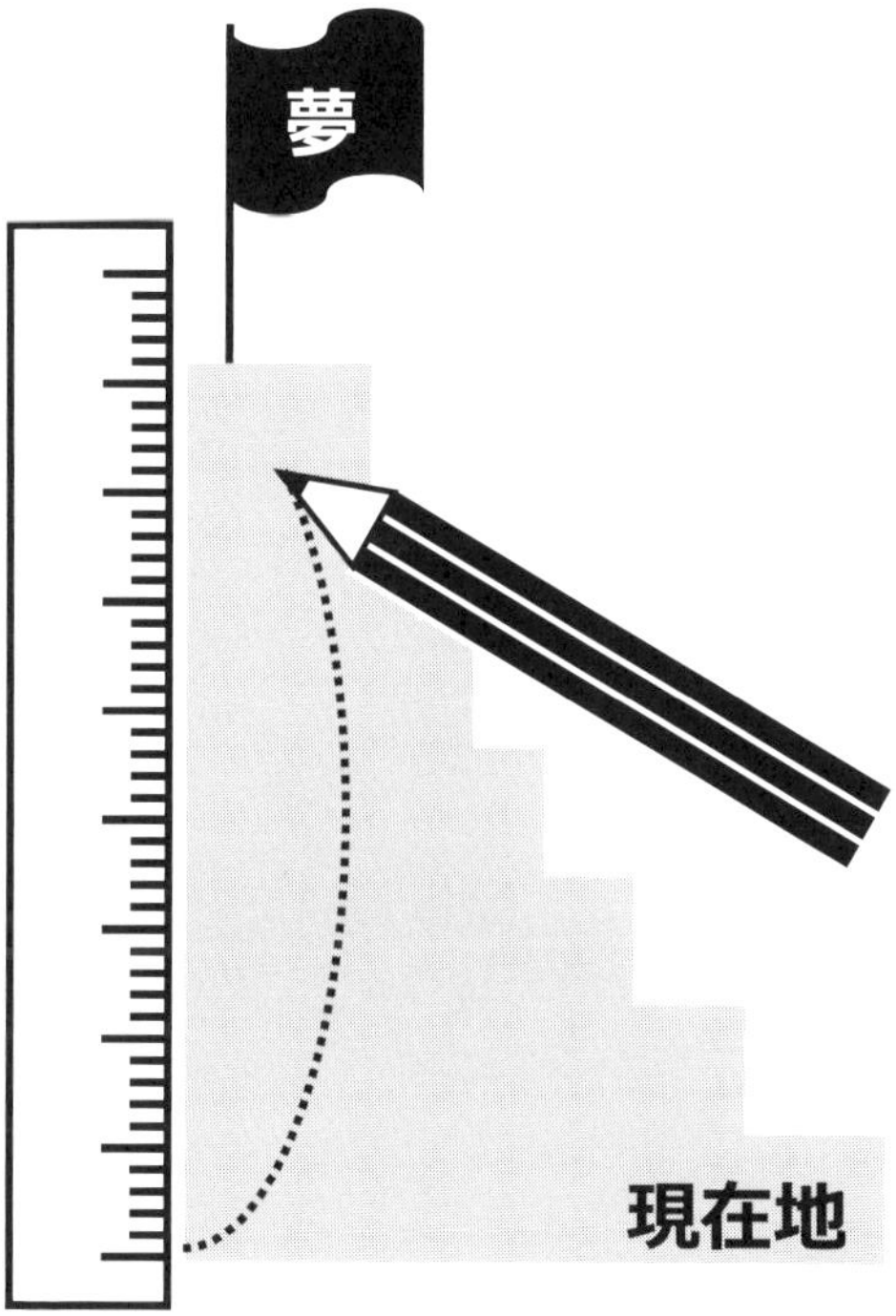

図を眺めることが、夢をあきらめないお守りになる

私は大学受験に失敗し、２浪して大学を受け直した経験があります。

２月初旬の、第一志望大学の受験日。もう後がない！　という切羽詰まった状況の中、私がすがったのは、お菓子のオマケでついてきた絵馬でした。

当時、チョコレートが集中力を高めるのによいといわれていて、買ったチョコレートのオマケとして絵馬がついてきたのです。表には「絶対合格」の文字と桜の絵が描かれ、裏に自分の志望校を記入できるようになっていました。

１００円程度のお菓子のオマケですので、小さくて見た目はチープでしたが、私にとってては大事なお守りでした。ふと気づくと、

「自分はもうダメなんじゃないか。また失敗するんじゃないか」

と弱気になりがちな心を、ぐっと前向きに戻してくれる役目を絵馬が担ってくれていたのです。

試験会場に向かう並木道を歩くときも、席に座ってから試験スタートのベルが鳴るまで

の数十秒も、試験と試験の間の休憩時間も、絵馬を握りしめていました。それだけで今まで必死で勉強してきた自分の姿がよみがえり、

「あれだけやったんだから、大丈夫！」

と、心が安らかになったことを、今でも鮮明に思い出すことができます。

時にはあなたも、不安になることがあるでしょう。

「自分ってどうしてダメ人間なんだろう」

「一生懸命やっているつもりなのに、いつも地雷を踏んでいる気がする」

「日々の仕事すら失敗ばかりなのに、果たしてそんな私に、夢なんて語る資格があるのだろうか」

そんなときでも、私が「お菓子のオマケの絵馬」に救われたように、図があれば「お守り」になります。あなたの夢までの道のりを図にしたものを手帳に入れて持ち歩き、落ち込んだり迷ったりしたときに眺めることで、やる気が出て、落ち込みから立ち直ることができます。

たった1枚の図が、前へ進むエネルギーを与えてくれることは、まぎれもない真実なのです。

図を書くと、夢のアンテナが敏感になる

「今から目に入る赤いものがいくつあるかを数えよう」と思いながら街を歩くと、今までまったく気づかなかったのに、急に赤い服の人や赤い車が目に飛び込んでくるようになった……。

こんな話をどこかで聞いたことがあるでしょう。これをカラーバス効果といいます。街に赤いものが増えたわけではなく、赤いものを探そうと意識しただけで、「赤」が目につくようになることです。

同じことが夢を図解した人にもいえます。

図を使って考えると、文字で考えるよりも、自分の意識したいことが具体的にイメージできるようになります。夢をかなえるための図を書いたあとは、「夢をかなえるためには、これとこれが必要。だからこんな情報がほしい！」と強く意識して生活するようになるので、自然と必要な情報が、他の情報をすり抜けて目や耳に飛び込んでくるようになります。周囲のさまざまなできごとの中から、チャンスの

種を見つけやすくなるよう、アンテナが立ってくるわけです。

いきなりですが、私はお酒が好きで、皆でワイワイ楽しく飲むのを生き甲斐に感じています。お酒関連のイベントやニュースにはとても敏感です。

その一方で朝4時起きを習慣にしているので、早起きに関する情報にも敏感です。健康の象徴ともいえる早起きと、怠惰の象徴のようなお酒。イメージにギャップがありすぎるかもしれません。

でも、**私にとって「おいしいお酒を思いっきり飲む」ということは、「1日の終わりに達成感と充実感を得ながら生きていく」のと同義だということが、図解することによって明らかになった**のです。

それによって、単なる「お酒」ネタや「早起き」ネタだけに反応していたアンテナが、「1日の終わりに達成感を得るためのコツ」にも敏感に反応するようになり、ますます人生が楽しくなってきました。

図を書くと、自分の人生にとって必要なものとそうでないものの見極めがはっきりつくようになります。その結果、時間を有効に使えるようになり、充実した日々が送れるようになるのです。

図解が生み出す鮮明なイメージの力で細部までありありと夢を描く

私の知り合いから、こんな話を聞いたことがあります。

彼はダイエットをしたいと長年思っていたのですが、なかなか実行できずにいました。

やせようやせようと思っていても、ついついおいしい料理を食べる箸が止まりません。

そこで一念発起、やせて颯爽と街を歩き、モテモテな自分を想像したそうです。

揚げ物をもう一口食べたい、というときにも一瞬我にかえって、

「颯爽としてモテモテな自分は、果たしてこの揚げ物を食べるだろうか」

「いや、ありえない！」

と思うと自然と箸が止まり、その結果、4カ月で20キロもの減量に成功したそうです。


脳は現実と想像の区別がつかないと聞いたことがあります。

ありありと詳細まで具体的にイメージできれば、それがまだ実現していない目標であっ

ても、現実にあるものと錯覚するそうです。

想像力が豊かな人なら、そこまで強くイメージすることができるかもしれませんが、普通はなかなか細部までリアルに想像することは難しいでしょう。

そんなときでも、「将来のかっこいい自分の姿」とそこに至るまでのプロセスを図にしてしまえば、「イメージしよう」と躍起にならなくても、図を見るだけでパッと自然に理想の状態を思い浮かべることができます。

この威力を目標達成に使わない手はありません。

文章でただ目標を書くよりも、図にして、より具体的にイメージできるようにすることで、夢までの距離がぐんと縮まるのです。

夢を図に書くと、応援してくれる人が現れる

夢をかなえるためには、人に自分の夢をどんどん話すのがいい、という話はよく聞きます。

とはいえ、信頼できる友人や家族が相手でもなければ、「私の夢は……」なんて話し始めることはできませんよね。

何より照れくさいし、自分の思いをうまく伝える自信がない方も多いと思います。心ない人から、

「そんなの無理だよ」

と一蹴され、傷つくことの怖さもあるでしょう。

そんなときこそ、図は効果を発揮します。

図解を最初に見せることで、言いたいことの概略を相手に伝えられるのです。

あとはそれを補足するだけなので、何もないままいきなり話し出すよりも、緊張せずにすみます。 しかも「図」は相手の脳内で画像イメージとして認識されるので、ただ話すよ

りも何倍も強く印象に残るようになります。

私は、小さい頃から人前で話すことを極度に怖がる性格でした。

小学生のとき、学校にテレビ取材が入り、ひょんなことから私がインタビューを受ける事態になりました。

どうしても無理だと思った私は、先生に何度もお願いして、ほかの子に代わってもらいました。

中学生のときは、ホームルームでいきなり先生に意見を言うように指名されたことがあります。ところが私は突然のことに心臓がバクバクしてしまって、一言も話せないまま1分以上立ちつくしてしまったのです。

それほど人前で何も言えない子だった私ですが、図解のスキルを身につけたあとは、コンサルタント相手にパワーポイントの使い方を教える講座を開けるようになりました。今では150人が参加するセミナーの壇上で話すこともできます。

とはいえ、私は今でも人前が苦手です。図解がないと手が震えることもあります。

それでも、事前にきちんと図解をして準備できれば、相手に伝わるようにしっかり話せ

るのです。

さきほど、図は相手の脳内で画像イメージとして認識されるという話をしました。この点についてもう少し詳しくお話ししましょう。

たとえば、一度読んだ本を読み返すとき、内容は覚えていなくても、右上にこんな図があったよなー……などと思い出して、該当文章を探すことはありませんか。それだけ、**画像のイメージというのは強烈に頭に残りやすいものなのです。**同じことを言葉でいうよりも、図解のほうが記憶に残ります。

ですから一度図解で夢を語れば、たとえその場では相手を説得できなくても、相手の頭の中には印象として残ります。何かのついでに、

「そういえばあの人が、こんなことを言ってたよ」

と、友人に語ってくれるようになるかもしれません。

たとえすぐには応援してもらえないとしても、

「この前のあの図、もう一度見せて」

というように、あとから会話に上る可能性もあるのです。

「図」の伝える力を信じてみよう

文字ばかりでは、自分も相手もわからない

緊張してプレゼン失敗

図解すれば、一目で伝わる

プレゼンもスムーズに

第2章

夢は図にすることでスモールステップに分解できる

◎福島から予備校の寮に入るために上京したとき、新宿副都心の超高層ビルに驚きました。ビルの下から見上げると、首が痛くなってしまうくらいの高さ。どうやったらこんなに高いビルを造れるのだろう。不思議でした。

◎でもどんなに高いビルも、最初はゼロからのスタートです。建築計画を建ててそれを忠実に追っているだけなのです。

◎私は、夢の実現もこのビルを建てるようなものだと考えています。絶対無理、と思ってしまうような夢でも、スモールステップに細かく分解し、手順を踏んでいけばかなうのです。図解には、そんな大きな夢も実行できそうな計画に落とし込む力があります。この章ではこのことについてお話ししましょう。

どんなに大きな夢も、「小さな目標達成」の積み重ねでしかない

「夢はあきらめない限り、いつかかなう」

「手帳に目標を書けば、達成しやすくなる」

「夢を口にし続けていると、その夢を応援してくれる人がどんどん増えて、気づくと大きな力になっていく」

「感謝し続けていると、運が引き寄せられる」

そんな言葉は巷にあふれています。一方で、

「夢なんて馬鹿なことを言ってないで、もっと現実を見たほうがいい」

と、夢を持つこと自体を否定する方もいます。

「かなわない」「かなう」。全く正反対の意見があるのはどうしてでしょうか。

それは、**「夢」という言葉の意味合いが、人によってさまざまだからです。**

私は、**「夢」は「小さな目標達成の積み重ね」の結果、現実になるもの**だと考えていま

す。そのままでは大きすぎて、なかなか達成できそうもなくても、実行可能な形になるまで小さく分解し、それを積み重ねていくことで、気づけば大きな目標を達成できるのです。

もちろん実行していくうちに、周囲の状況や自分の心境が変化することもあるでしょう。そんなときは、計画を見直して、最適なものへ修正していけばいいのです。

つまり、ステップごとに計画を立て、それを修正したり、試行錯誤したりながらクリアしていけば、夢は必ずかなえられるということです。**適切な戦略を立て、努力を正しく方向づけできれば、どんなに無謀そうに見える夢でもそれを現実にすることは十分可能**なのです。


適切な戦略を立てるにあたり、欠かせないのが図を書くことです。

なぜならば、図を書くことで、夢と現在の自分との距離を正確に測り、細かく目標設定をしていくことが可能になるからです。

目標を図解することは、夢という名の山の頂上へ向かう地図を手に入れるようなもの。

あとは地図通り進み、なにか問題があったら、その都度ルートや進む速度に修正を加えて行けばいいだけです。

「勘違い夢語り」から抜け出そう

「夢はかなわないもの」と思っている方は、もしかしたら「勘違い夢語り」の人をそばで見続けたり、自分が過去に勘違い夢語りで苦い思いをしたせいで夢を抱くことに批判的になっているのではないでしょうか。

「勘違い夢語り」をする人とはどんな人でしょうか。

これは私なりの定義ですが、歯を食いしばって頑張ってさえいれば、みんながきっと自分のことを応援してくれるに違いない、と勘違いして、夢の応援を（本人は自覚がなくとも）他人に強要する人のことです。

実は私も昔、「勘違い夢語り」をする人間の一人だったので、そんな人の気持ちがよくわかるのです。

私は前述の通り、大学を卒業後、「ワタミ」に入社しました。まだ、社員が270人ほどの頃の話です。

当時、料理研究家やフードコーディネーターとして独立することを夢見ていた私は、会社の方向性や自分の置かれた環境などを無視して、「私は商品開発部に行きたい」という希望だけを、声高に主張していたのでした。今思えば「私は将来料理研究家になるべき人間なのだから、会社はそれを応援してくれるに違いない」という思い上がった気持ちがあったのでしょう。

幸い、「手が焼けるやつだな」といらいらしながらも、私のことを本気で叱ってくれる上司がいたお陰で、徐々にその勘違いから脱出することができました。しかしもしもあのまま人生を送っていたら、私は誰にも応援されず、**ただ「頑張っている私を見て」と主張するだけの人間になっていた**ことでしょう。そう思うとゾッとします。

情熱は確かに大事ではありますが、情熱と勢いだけで夢が現実になるほど、世の中は甘くありません。**夢は周囲の協力なしには達成できないということを、もう一度胸に刻んでおきましょう。**

図解は他人を説得するための最強のツール

あなたが「勘違い夢語り」に陥らず、周囲の協力を得るためにも、図を使って考えることは欠かせません。

なぜならば、図を書こうとしても、**今すべきことは何か、逆にすべきでないことは何か、さらには自分がどうしてこの夢をかなえなければいけないかをじっくり考えないと、図を完成させることはできない**からです。つまり図を書くことで夢の「正しさ」や「矛盾」が明らかになるのです。

図解は、原因や結果、理由や結論をきちんと整理整頓する方法です。

図を書くことで「夢」に向かって興奮している気持ちをクールダウンし、現実的なプロセスを整理できるようになるのです。

たとえば昔の私の「私は将来料理研究家になるべき人間なのだから、会社はそれを応援してくれるに違いない」という主張は、まったく論理的でない主張だということが、図に

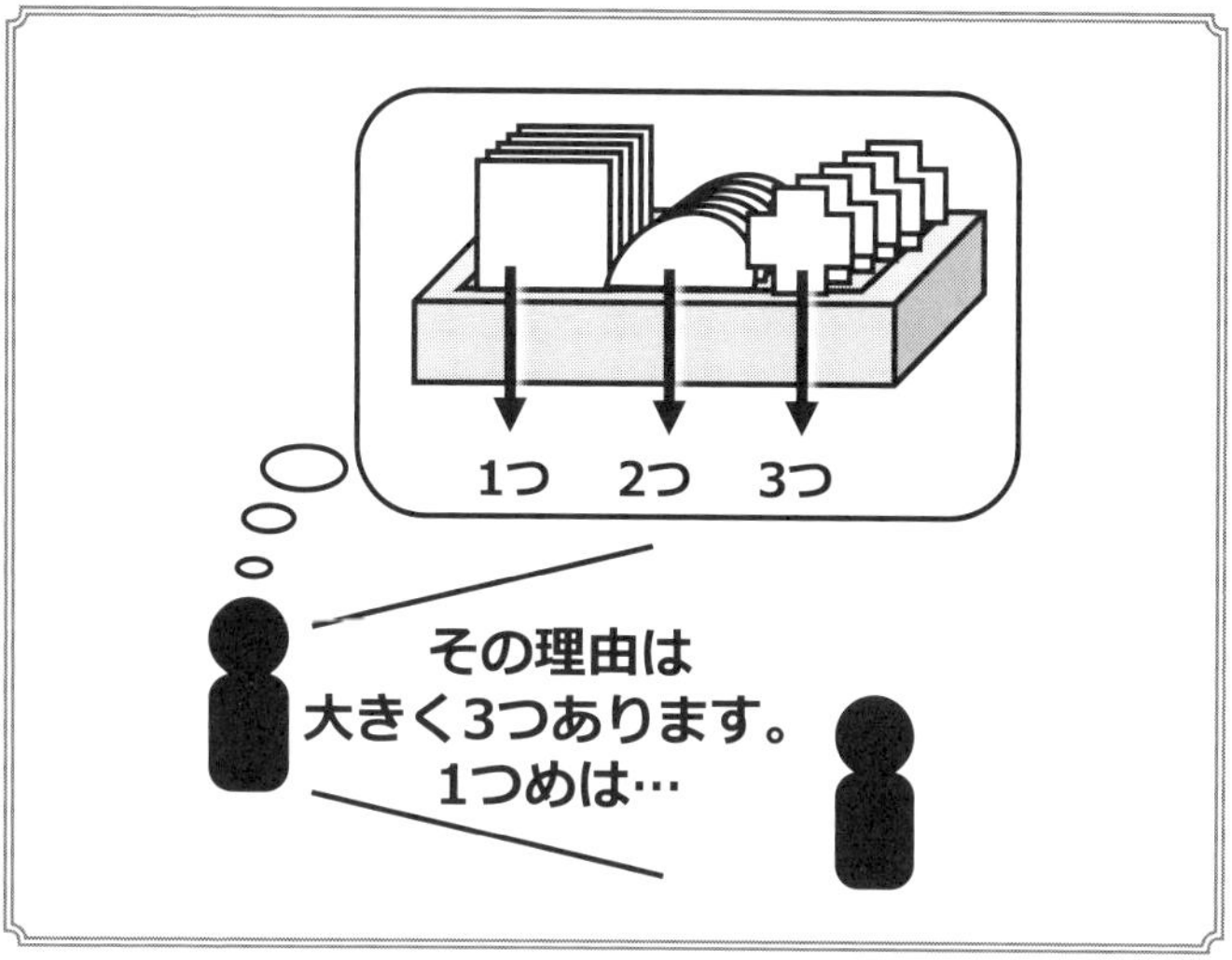

当てはめるとわかります。

PPTの法則にのっとった図を書くには、**きちんとした説得材料を準備しなければなりません。**その結果自分の夢をうまく相手に伝えられるようになるので、協力を取り付けるためのハードルも低くなるのです。

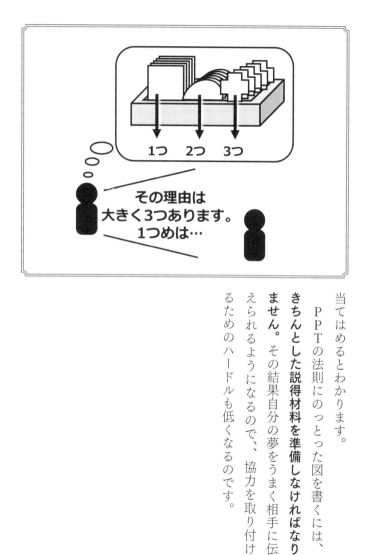

目標達成の手順を決めるのは、晩ご飯を作るようなもの

「はじめに」でもお伝えしたとおり、PPTの法則を使って明確な（P：目的）を持ち、適切な手段（P：プロセス）を講じ、周囲からフィードバックをもらったり、協力したりして（T：チームワーク）をもって前に進めば、夢を現実にすることができます。まずは大まかな目標設定の考え方から説明しましょう。

「目標達成」と聞くと、何から始めればいいのかわからないという方もいると思います。でも、**目標達成の手順を考えるのは今晩の献立を決めるのと一緒です。**

「今晩のおかず、何にしようかな。皆がおいしいって言ってくれるものがいいな」

「あ、貯蔵庫ににんじんとタマネギがあった」

「そうだ、カレーにしよう！　カレーは少し味が濃いから、箸休めにサラダも添えようかな。サラダで余ったトマトをカレーに入れて煮込んでみたら、味に深みが出るかもしれないな……」

このように日常的にしている「献立を決める」という行為も、立派な目標達成のための行動です。献立を決めるという行為は、たとえば、このように分解することができます。

目的：家族が喜んでくれる晩ご飯をつくる
現状把握：冷蔵庫を眺め、にんじんとタマネギを発見
意志決定：カレーをつくることにする
創意工夫：家族が喜ぶ晩ご飯という「目標」をより確実に達成するため、箸休めにサラダをプラスする
リソースの有効活用：サラダで使うトマトをカレーにも使う

料理を普段しない方でも、外食をすることはあるでしょう。

「今日のランチどうしようかな。麺類が食べたい気分だな。本当はパスタがいいんだけれど、午後から商談で、にんにく臭を漂わせるわけに行かないし、商談の準備もあるから会社の近くのそば屋さんで、さくっとすませよう」

というようなときも、商談成功という「目標」のために、そば屋、イタリアン、中華など

という数多くの選択肢から最適なものを選び、意志決定しているのです。

目標達成というと仰々しいですが、こうして考えると、**だれでも、ちょっとした目標達成は毎日行っているのです。**

そんなときも図解は効果を発揮します。夕飯をレシピ本に沿ってつくる場合は、作業途中の写真が載っていたり、図解で手順がわかるようなもののほうが、文字だけのものよりずっと頭に入りますよね。目標達成もそれと同じで、レシピのように**手順を分解して、何を準備してどこから始めればいいかをすぐにわかるようにしておけば、すぐ動くことが可能になるのです。**

目標達成はメニューを決めるようなもの

	日々の料理	夢の計画
目標設定	家族が喜ぶ料理を！	海外に別荘が欲しい！
現状把握	家にある食材を探す	海外別荘の相場を調べる
意志決定	にんじんとたまねぎ＝カレー！	収入とニーズの兼ね合い＝ハワイ！
創意工夫	サラダで使ったトマトをカレーに	会社勤めをしながら休日も投資勉強

目標達成のプロセスは夢も料理も同じ

会社の仕事も夢の実現も同じ

私は会社における仕事でも、夢をかなえる活動でも、「計画を立てて実行する」という点においては全部一緒だと思っています。

目標を達成するためのプロセスなら、あなたも職場などで日々体験していますよね。

たとえば、あなたが会社で1つのプロジェクトを任されたとします。

まず何から始めますか？

- このプロジェクトの目的、ゴール、ありたい姿を考える
- プロジェクトを遂行するためにやらなければならないことを洗い出す
- それぞれのやるべきことについて、誰が、何を、いつまでにやるべきかを一覧表にする
- 一覧表にしたがって、メンバーのそれぞれが協力し合い仕事を進める

大まかには、このようなことを無意識のうちに行っているのではないでしょうか。
「私は言われたことをやるだけだから関係ない」
「毎日店舗で接客をしている仕事だから、いちいちそんなこと考えていられない」
と思う方もいらっしゃるかもしれません。

でも、たとえば総務の方ならオフィスの引っ越しや事務費の削減に取り組むこともあるでしょう。接客業の方ならお客様が満足の行くような商品の配置を考えることもあるはずです。それも立派なプロジェクトです。

「プロジェクト」と書くと仰々しいですが、**目的を考え、そのためにすべきことを洗い出し、行動するという点においては、職種は違っても、仕事の本質は一緒です。**

仕事では自分の役割を認識し、すべきことを計画に落とし込み、実行していくというプロセスを踏んでいますよね。

そのスキルを、仕事だけにとどめていては、もったいないと思いませんか？仕事でも図解することで考えがまとめたり、戦略の実行に役立つことはよくあるでしょう。それと同じように、プライベートの場でも図解を活躍させるのです。

図にすれば、「どこまで進んだか」が一目瞭然

図にすることで、あいまいな目標が計測可能になり、決めた目標をクリアする喜びをゲーム感覚で楽しむことができるようになります。また進捗が目に見えてわかるので、今の自分がゴールまでどのくらいの距離にいるか、ゴールまでに何をすべきかが明らかになり、モチベーションも維持しやすくなります。

私が2010年よりプロデュースしている朝専用手帳『朝活手帳』（ディスカヴァー・トゥエンティワン）でも、図を活用することで達成度を「見える化」する手法を取り入れています。

『朝活手帳』では、普段より30分早く起きることができたら1ポイント獲得というルールを定めています。たとえば朝5時に起きて、朝8時半までなんらかの「朝活」ができたら7ポイント獲得です。貯めたポイントは、毎日1ポイント＝1マスとしてグラフを塗りつ

ぶしていきます。グラフのマスを塗りつぶすことができると、「今日はこれだけ頑張った」「明日はもっと多く塗りつぶそう」というように、モチベーションがかきたてられるのです。だからこそ「つらい」と思いがちな早起きをゲーム感覚で楽しみながら続けられるのです。

さらに『朝活手帳』では、日々のＴｏＤｏリストをすべて、「緊急で重要なこと＝食いぶち（緑）」「緊急でないけれど重要なこと＝種まき（赤）」「緊急で重要でないこと＝日課（青）」「緊急でも重要でもないこと＝思いつき（黒）」のマトリクスのどれに属するかを判断し、色分けして記入するよう推奨しています。これにより、ひとつひとつのＴｏＤｏをただ時系列でこなすのではなく、重要度を判断してから対処し、優先順位を「見える化」できるようになります。

早起きに限らず、ランニングなどの習慣を定着させる場合も図は有効です。たとえば日々の走行距離や走行時間を折れ線グラフとして記録するだけでも、自分がどれだけ前に進んでいて、今の自分に何が足りないかといった成長の過程が見えるようになるでしょう。

成長の過程が見えると、「前に比べてだいぶ走れるようになった」というような曖昧な感覚に頼らず、「1日に○キロ、△分で走れるようになった」というように、具体的な実感を積み重ねられるようになるのです。

グラフやマトリクスで過程を「見える化」

まずは徹底的に「型」をマネしてみる

この本では、PPTの法則に沿った図をいくつか紹介していますが、最初のうちは図にアレンジを加えることは避けてください。うまく空欄を埋められなかったり、文字があふれ出たりしても、**あえて自分の夢を図にぴったり当てるように使ってください。**

なぜアレンジを加えてはいけないか。

それは、武道の型を覚えるときのように、まずは**「考え方の型」を覚えてほしいからです。**

私は「型を学ぶ」ことの重要性を、夫から学びました。

夫は昼間は会社員をしつつ、夜間の調理師学校に通って調理師免許を取った人です。第4章でくわしく述べますが、私は昔、料理研究家を志していたほど、料理には少しばかり自信がありました。しかし、今や夫の足下にも及びません。

私と夫の成長度の違いは、「型」を守ったか、守らなかったかの違いでした。

私の料理は、とてもおおざっぱ。いつも材料も調味料も目分量。レシピ本を見ても、つくり方だけ頭に入れて、あとは自分の勘がすべて。いわば、「いいとこどりのつまみ食い」です。この方法だと楽に早く作ることができますが、失敗したときに何がいけなかったのかわからないし、同じ料理をもう一度つくろうとしても再現することができません。

一方、夫の料理は堅実。まずは先生から習ったことを忠実に復習することから始めます。それを繰り返して自分のモノにしてから、やっとアレンジを加えるのです。基礎を繰り返して技術が自分の血肉となってからアレンジを加えるので、再現性もあれば応用もできるわけです。

これは料理だけでなく、図解スキル全般にもいえます。**まずは素直に、徹底的に真似する。**最初から自分流のアレンジを加えず、愚直に学んでみる。**「型」を覚えてから、自分流にアレンジを加えることにより、本当のオリジナルができるのです。**

「徹底的にマネする」という手間を省いて、最初から自己流を貫いてしまうと、結局いつまでたっても自己の限界を突き抜けることはできません。自分なりの工夫は、型という基本の土台が建ったところにこそ、生まれるものなのです。

第3章

図解の前に覚えておきたいさまざまなコツ

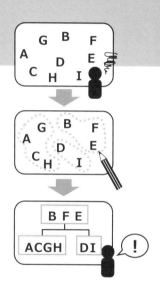

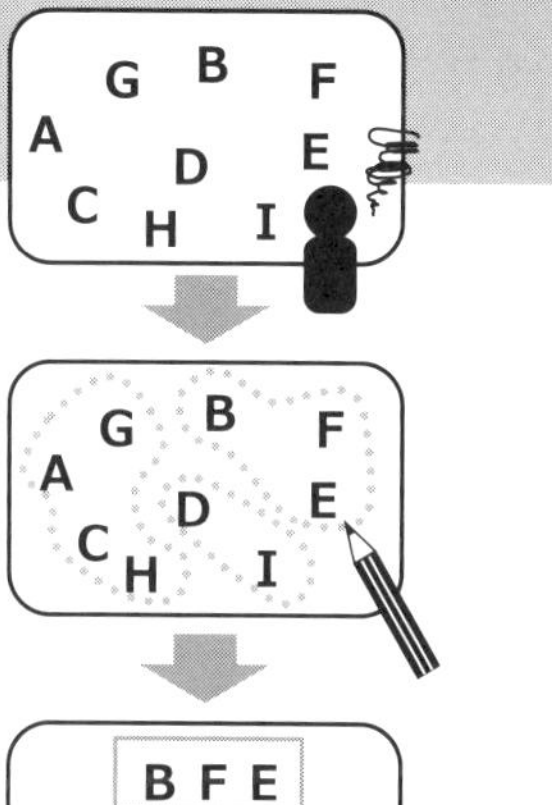

◎図を書くのは決して難しいことではないのですが、慣れないうちは自分の考えがなかなかまとまらず、文字を書き込むのが難しいこともあるかもしれません。

◎実は図解にはコツがあります。ちょっとしたことに気をつけるだけでグンと書きやすくなったり、見やすくなったり、プロっぽい資料になったりするのです。

◎この章では、図解をスッキリわかりやすく整理するための基本をお伝えします。私が愛用している、図解をする際にオススメのノートやメモ帳についても紹介します。

図を書くなら、朝の光を浴びながら

夢を図解するときは、邪魔が入らない静かなところで集中して行うことをおすすめします。

私は朝の時間を活用して夢を図解することにしています。理由は3つ。

①朝陽を浴びると前向きになれる
②邪魔が入らないので作業に集中できる
③時間が限られているので、段取りよく計画を進められる

早朝に網膜が朝陽を感じると、通称「幸せホルモン」といわれるセロトニンが分泌されるそうです。

このセロトニンは、日々の活力や充実感の源。どんなときにもワクワクして意欲を失わず、穏やかな達成感を生むもととなっています。

それだけでなく、セロトニンを朝十分に分泌させることにより、夜になると上質で深い睡眠をつかさどるメラトニンがたくさん分泌され、ぐっすり眠ることができるのです。

夜は内省的になりやすいものです。時間が永遠に続くような気がして、悩んでも仕方がないことを何度も繰り返して考えてしまいます。夢をかなえるための図を書くときは、何かと思い悩んでしまうことが多いのですが、朝の時間なら、落ち込むこともなく冷静に自分を客観視することができます。

また、朝は早く起きさえすれば、家族が起き出すまでがまるまる自由時間。集中してものを考えるのに適しています。

たとえば家族が起き出す朝7時までにしっかり集中しよう、というように、時間に区切りをつけて、メリハリを持って計画を進めることも可能になります。

図を書くおすすめノートはこれ！

この本では、掲載している図をコピーしてもらえばそのまま書き込むことができるようになっていますが、いきなりキレイに文字を書き入れる必要はありません。

まずは自分の思考を広げるために、ごちゃごちゃでもいいので、**おおらかに記入していってください。それをどんどんブラッシュアップしていって、最終的にあなたが納得する図を書くことができればいい**のです。

この本に載っている図は、いずれもシンプルなものです。

ですから、拡大コピーしてノートに貼ったり、ノートに図を転記したりして、まずはそこに下書きをしていくのもいいでしょう。

私の場合、図を書くときは、文字を消しゴムで消したり、修正テープで直したりすることはしません。

そのほうが自分の思考の軌跡を残しておくことができるので、後で振り返ったときに自分がどこで迷ったり、つまずいたりしていたかが、わかるからです。

私が図を書くときに使っているノートは、ライフのノーブルノートA5サイズの無地のものです。

このノートは少々値が張るのですが（800円＋税）紙質がとてもよく、スルスルと滑るような書き心地が気に入っています。
また紙の色が真っ白でなくクリーム色なので、チカチカせず目に優しい気がします。
A5サイズで大きいので、小さなスペースにちまちま書くのではなく、堂々とおおらかに書くことができます。無地なので、罫線にとらわれることなく、自由に書けるところも気に入っています。

いつでもどこでもメモ魔になるべし

すでに述べたように、私は朝の時間を使って腰を据えて図を書くことをおすすめしています。とはいえ、

「さあ、このテンプレートを使ってじっくり考えよう！」

と構えると、かえってアイディアが生まれないときも、たまにはあるでしょう。

そんなときのために、**いつでもどこでもアイディアを書き込めるようにメモ帳を持ち歩くこと**をおすすめします。

最近は携帯やｉＰｈｏｎｅなど便利な機器がたくさんあるため、メモ帳がなくてもメモをとることはできるようになっています。実際私もｉＰｈｏｎｅユーザーですし、メモ機能だけを考えればｉＰｈｏｎｅを使ったほうが圧倒的に便利です。でもそれでもあえて、**お気に入りの文房具を「気分をアゲるスイッチ」として持ち歩く**ようにしています。**お気に入りの文具の手触りや使い心地を楽しむことが、自分のマインドを「アゲる」きっかけになる**からです。

私は、フランスの老舗メーカー「ロディア」のメモ帳を使っています。ロディアの中でも一番小さい10番に、私のラッキーカラーであるオレンジのレザーカバーを付けて持ち歩いています。

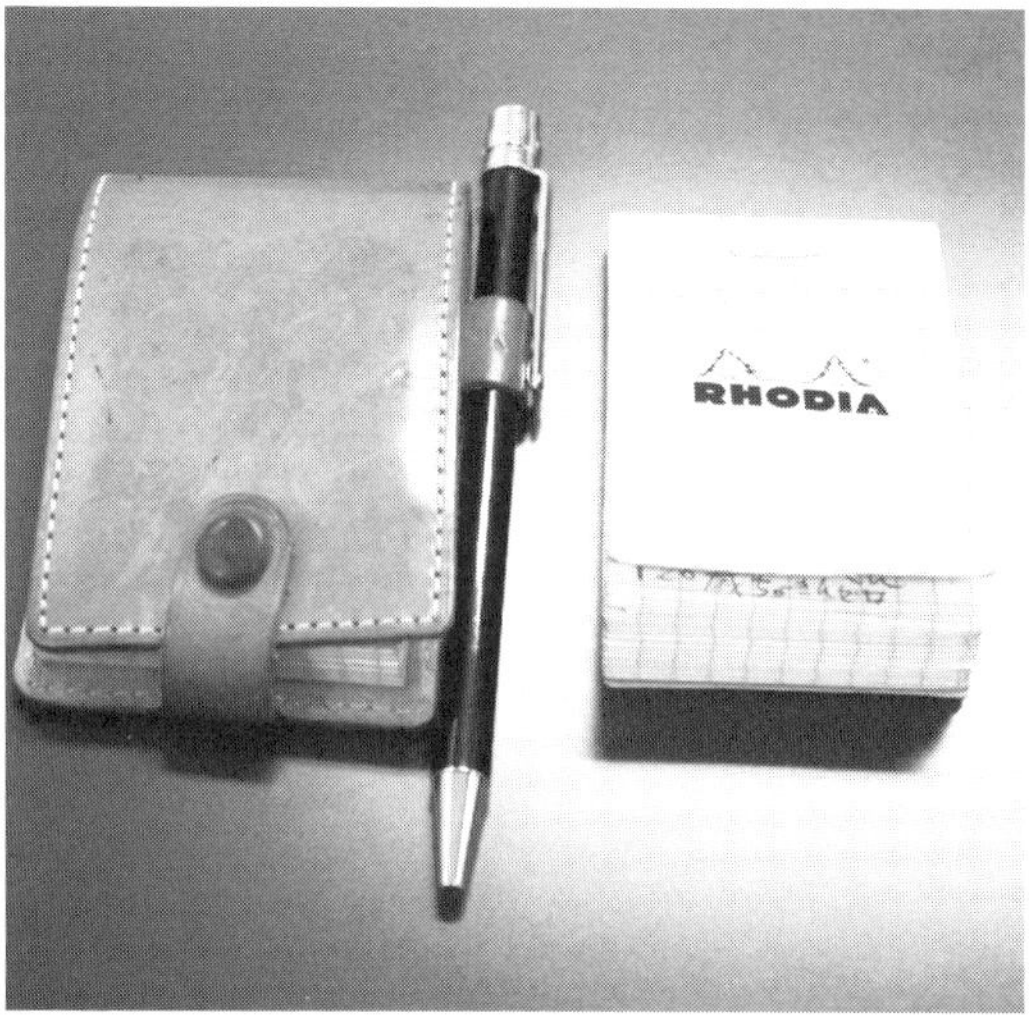

ロディアは1ページごとに切り取り線がついていて、メモを書いてはちぎる、という使い方をしている方が多いのですが、私はちぎらずにどんどん書き込み、一冊すべて書き込んでから最後に見直して処理するようにしています。そのほうが自分で書いたメモをある程度寝かせて、熟成させることができるからです。
使い終わってから改めて見返してみると、これは残しておこうというのは2割程度。
寝かせることで自分にとって本当に必要なものが浮かび上がってくるので、必要なものだけを抽出して、あとは捨ててしまうようにしています。
こうして残ったメモを見返してみると、図解のヒントとなる考えが眠っていることが多いのです。

あふれる思いをシンプルに整理する3つのステップと5つの極意

4章以降でご紹介する図は、いずれも四角や空欄に言葉を当てはめれば自然に考えがまとまるようにつくられています。

どうしてまとまるかというと、図解にはある一定のルールがあるからです。

感覚的に納得しつつ、同時に論理的にスッと頭に入るような図にするためのルールを覚えておくと、図のテンプレートに文字を書き入れるときにも考えをまとめやすくなります。一度徹底的に型を守って型を覚えたあと、この型をアレンジして自分だけの図をつくるときの手助けにもなります。

とはいえ、最初のうちはいざテンプレート内の文字を埋めようと思っても、なかなかひと言でまとめるのは難しいかもしれません。空白の中にごちゃごちゃと文章がひしめき合い、自分がどのように進めばいいのかかえってわかりにくくなる場合もあるでしょう。最初はぎっしり文字を書いてもかまいません。思いのままに書き出したあと、そぎ落とせばいいだけです。ただし、後で眺めてわかりやすい図にするには、そぎ落とす際のコツがあります。

言いたいことがあふれてしまって困ったら、次の手順で交通整理してみましょう。

①キーワードを箇条書きにする
②グループ化する
③グループを「5つの極意」に当てはめる

①まず、埋めるべき空白の中に入れたいことを、ノートなどに箇条書きにしてみます。

②項目をどんどん書いていくうちに、この項目とあの項目は同じことだな、とか、似ているな、というかたまりができてきます。それらの情報を共通の属性でくくり、グループ化していきます。グループ化しやすいように、ノートに箇条書きでなくて付箋に書いて貼り直してもかまいませんし、グループに分けて書き直してもかまいません。

③こうしてグループ化していき、関連性を眺めてみると、実はこれらは、次の「5つの極意」の組み合わせでできていることに気づくはずです。

■ ステップ1：箇条書き

人に伝わるパワーポイントプレゼンってどんなもの？

- 見やすくてわかりやすい
- チカチカしない色使い
- 配色３色以内
- 文章がS+Vで簡潔
- プレゼンの目的が明らか
- 余計なアニメが入っていない
- 1枚のスライドに複数のメッセージを入れない
- フォントサイズ○ポイント
- 目線の動きを意識している

■ ステップ2：キーワード抜き出し

伝わるパワーポイントプレゼンってどんなもの？

- 見やすくてわかりやすい
- チカチカしない色使い
- 配色３色以内
- 文章がS+Vで簡潔
- プレゼンの目的が明らか
- 余計なアニメが入っていない
- 1枚のスライドに複数のメッセージを入れない
- フォントサイズ○ポイント
- 目線の動きを意識している

見た目問題と内容問題の2つに分けられそう！

■ ステップ3：「5つの極意」の「分ける」を使う

伝わるパワーポイントプレゼンとは
見た目と内容の両方に配慮しているプレゼンである

見た目

- チカチカしない色使い
- 配色３色以内
- 余計なアニメが入っていない
- フォントサイズ○ポイント
- 目線の動きを意識している

内容

- 文章がS+Vで簡潔
- プレゼンの目的が明らか
- 1枚のスライドに複数のメッセージを入れない

5つの極意とは、つなげる、重ねる、並べる、比べる、分けるです。

具体的に説明すると、次のようなものになります。

1）つなげる

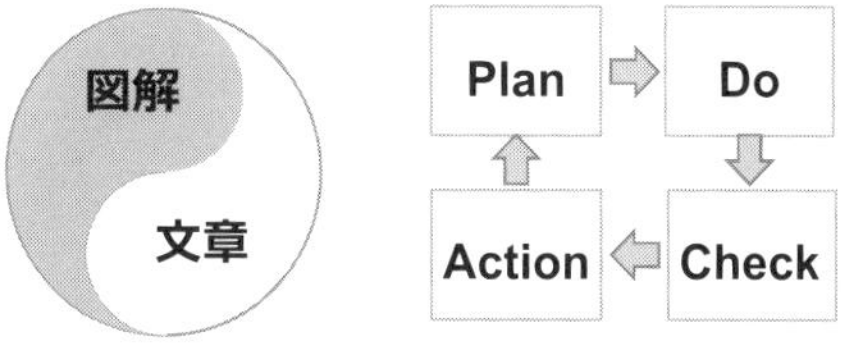

相互連携

相互にどのように連携しているかを示す手段。たとえば、左上の「図解と文章の関係は相互に補完関係にある」ことを示しています。右上の「PDCAサイクルの図」もこれに当たります。

2）重ねる

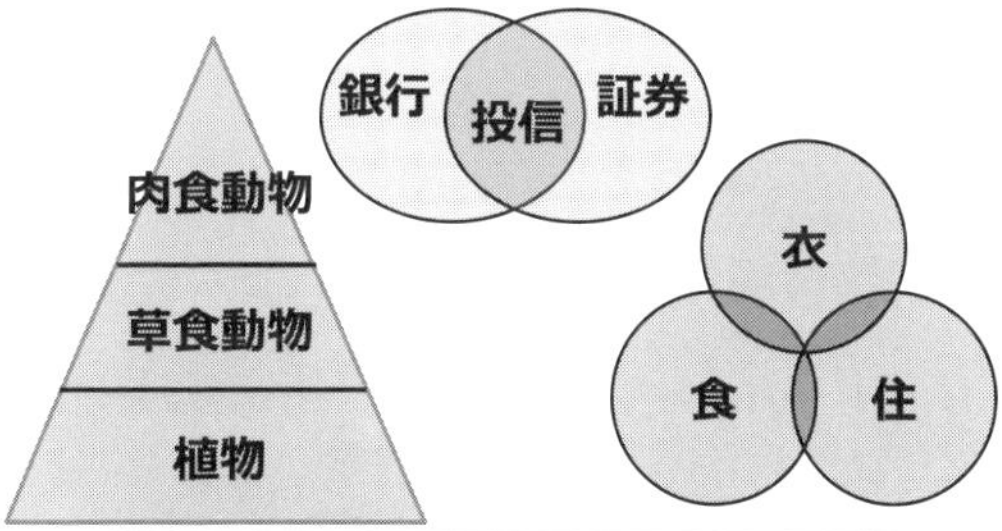

図の構成要素の位置づけ

図の構成要素がどんな位置づけにあるかを示す手段。たとえば、左の「食物連鎖における生物種間の関係」や、まん中の「投信の窓口販売は銀行と証券を合わせたものだ」と説明したりするときに使います。

3）並べる

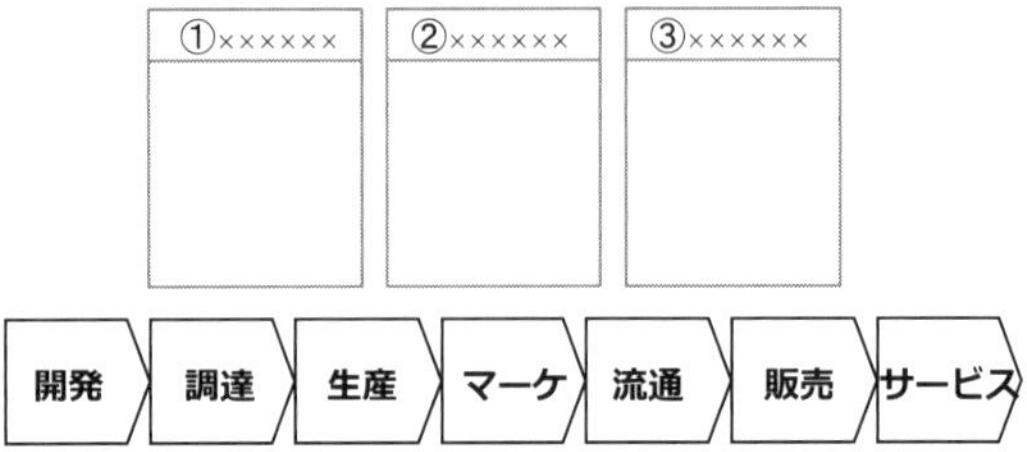

図の要素を俯瞰／プロセスを可視化

図の要素を俯瞰したり、プロセスを見える化したりする手段。たとえば3つあるポイントをそれぞれ四角で囲って並べたりして、「企業の経済活動は開発からサービスにわたる」ことを示したりするときに使います。

4）比べる

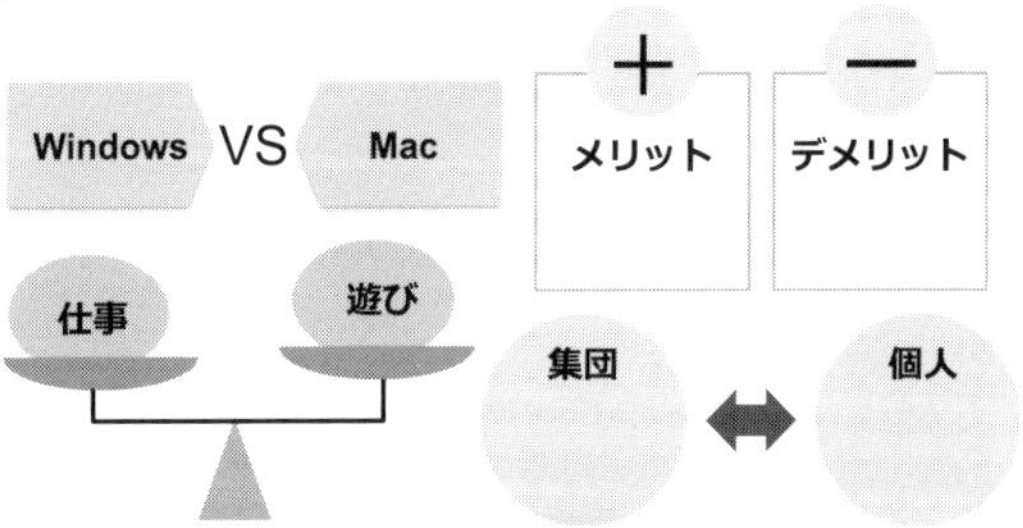

違いを認識

違いを認識させるための手段。「メリットとデメリット」「集団と個人」「WindowsとMac」など、対立関係にあったり、違いが明確なものを比べるときに使います。

5）分ける

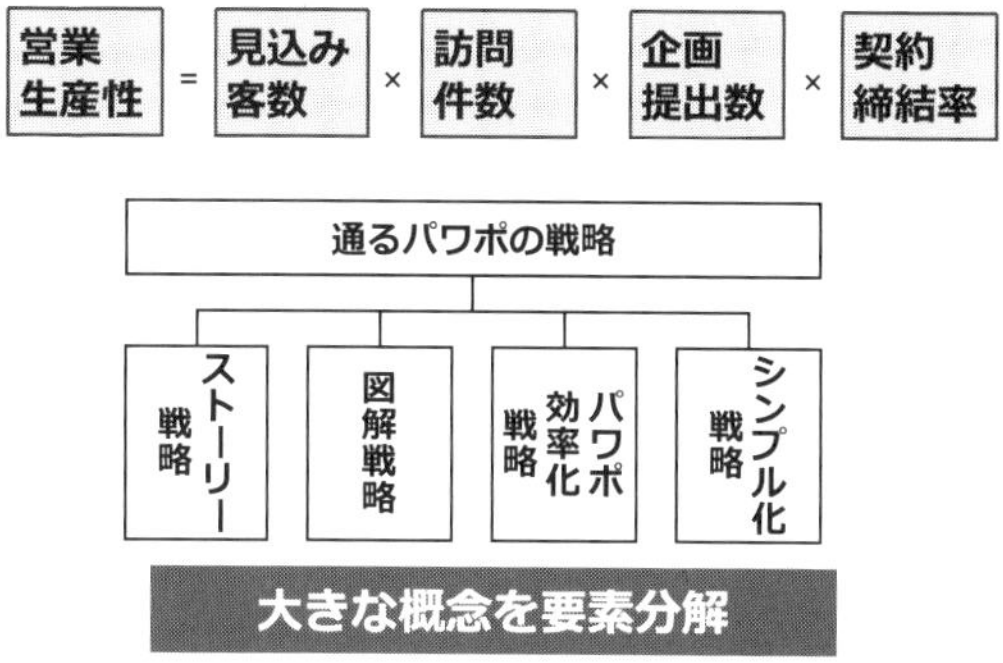

大きな概念を要素分解して示す手段。たとえば営業生産性とはなんぞや、というときに、見込み客数×訪問件数×企画提出数×契約締結率といったように細かく分けて考えるときに使います。

こうやってみていくと、「図解」は決して難しいものではなく、**実はキーワードを○や□で囲んで、スライドのどこに置くかをマッピングするだけの技術だ**ということがわかると思います。

ですから、絵心がなくても、キーワードといいたいことのかたまりが明確になれば、決められたフレームワークに当てはめるだけで誰でも図が書けるようになります。

こうしてできたものが、4章から紹介する図の数々です。

文字を入れる際は「言葉のにおい」を合わせる

4章以降で紹介する図解には、あなたが考えながら空白を埋められるよう、文字を書き込むスペースを大きめにとってあります。

まずは頭の中を整理するために図を使う段階においては、このスペースは自分さえわかればいいよう、ごちゃごちゃと書き散らかしてしまってもかまいません。

しかし繰り返し図を見て考えを深めていく段階においては、だんだん余計な文字をそぎ落とし、本質に迫った言葉を選ぶ必要があります。

これを、私はコンサルティング会社時代、「**結晶化**」という言葉で教わりました。

黒くて醜く、ただの石のように見えるダイヤモンドをどんどん削っていき、だれからも美しいと思われる形に磨き上げる作業です（「結晶化」については、6章で改めてご説明します）。

結晶化が進むと、言葉がシンプルになるので、「言葉のにおい」が合っていないものが並列されていると気持ち悪い、と思うようになります。

「結晶化」で余計な言葉をそぎ落とし、磨き上げる

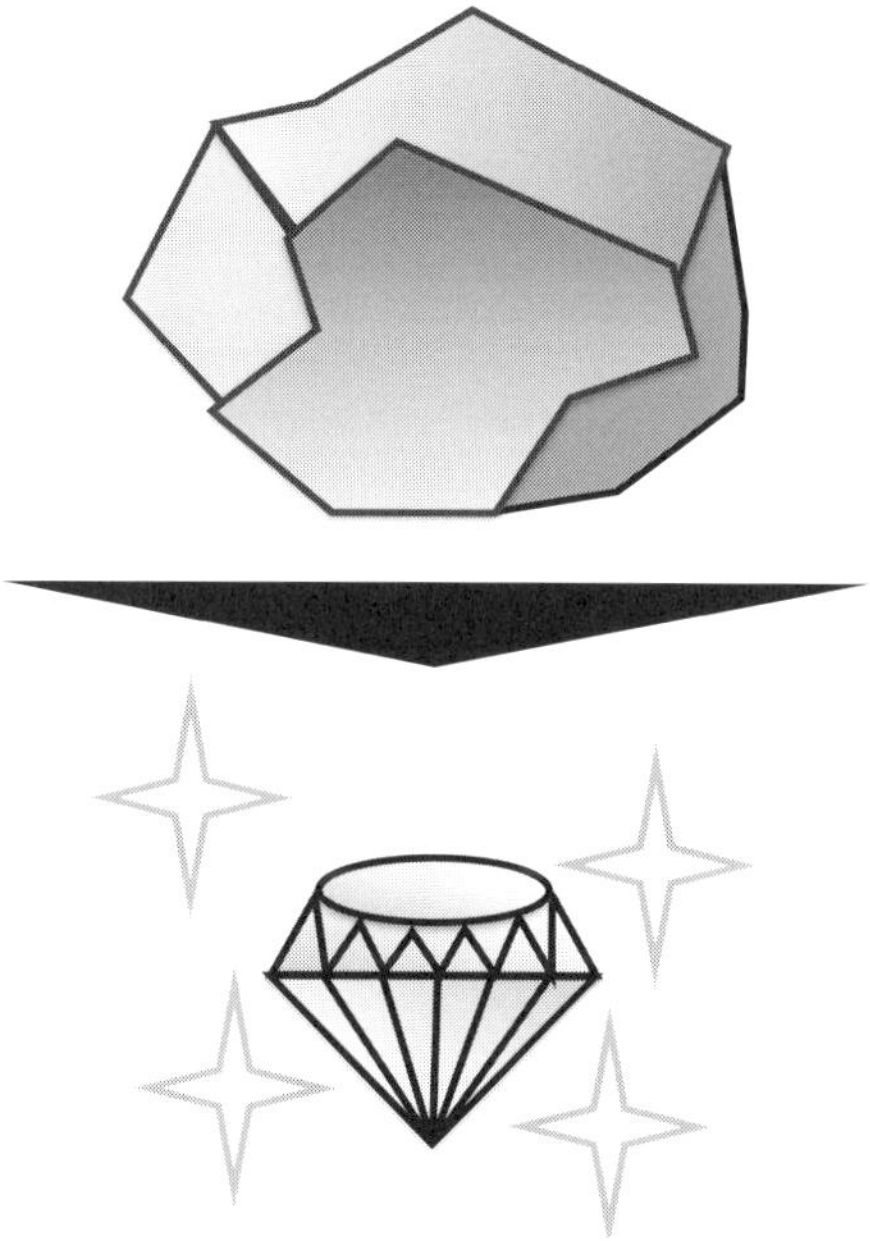

「言葉のにおい」とは聞き慣れない言葉かもしれませんが、実は単純なことです。

並んでいる言葉の中で、仲間はずれになっている言葉があれば、それは「言葉のにおいが合っていない」と考えます。

たとえば、「ドーナツ」という言葉で思い浮かべるものを並べてみましょう。

「甘い」「おいしい」「やわらかい」という形容詞と並列に、「ミスタードーナツ」「クリスピークリームドーナツ」などと、ドーナツ屋さんの名前が書かれていると、少し違和感がありませんか。

これは「においが違う単語が同列に乗ってしまっている」状態です。

他にも、たとえば二者を比べる図解をしたときに、左ではS（主語）＋V（述語）形式の文を書いておきながら、右の比較対象はN（名詞）で表現していたりすると、なにかチグハグな印象を受けてしまいますよね。このように文体にも気をつけるようにすると、頭にスッと入るようになります。

また、図をもとに他人に説明する際にも、わかりやすいといってもらえるようになります。

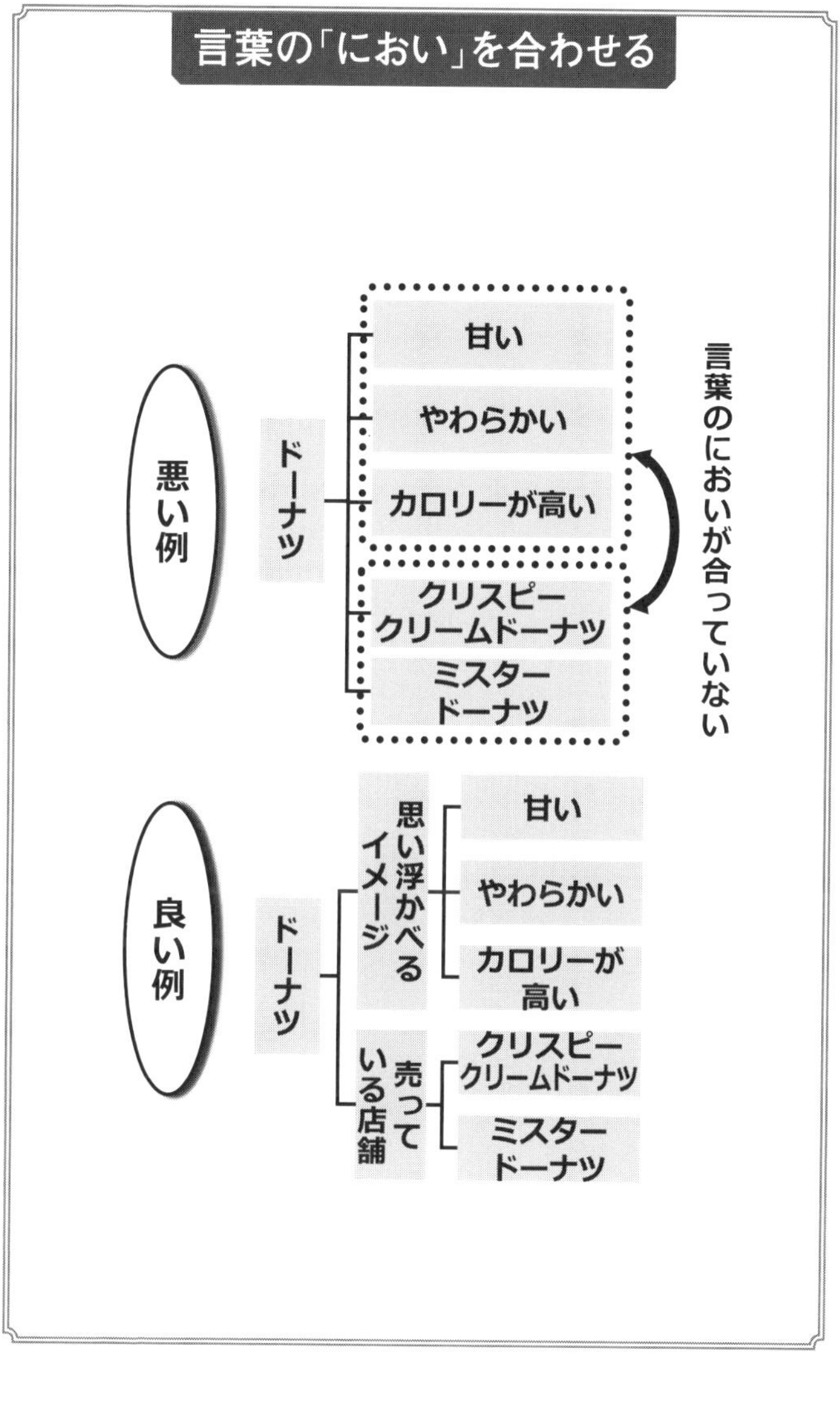
言葉の「におい」を合わせる
悪い例
ドーナツ
甘い
やわらかい
カロリーが高い
クリスピークリームドーナツ
ミスタードーナツ
言葉のにおいが合っていない
良い例
ドーナツ
思い浮かべるイメージ
甘い
やわらかい
カロリーが高い
売っている店舗
クリスピークリームドーナツ
ミスタードーナツ

居酒屋のメニューから図解を学ぼう

言葉のにおいを合わせる練習をもう1つ。

今度居酒屋に行くことがあったら、メニューをじっくり眺めてみてください。メニューがいくつかのグループにカテゴリー分けされていることに気づくと思います。

たとえば「肉料理」「魚料理」「野菜料理」「揚げ物」「焼き物」「煮物」とカテゴリー分けされているとしましょう。それぞれの項目を眺めてみると、何か違和感がありませんか？

この違和感は「素材」のかたまりと、「調理法」のかたまりが並列して書かれているところから来ています。

これを左のパターンAのように、「肉」「魚」「野菜」など「素材」の下に、調理法である「揚げ物」「焼き物」「煮物」に配置し直すだけで、論理的に正しい図につくり替えることができます。パターンBのように最初は調理法、次に素材で分けてもいいでしょう。

このように日々、目につくものを「図にするとどうなるかな？」という視点で生活をすると、図解化能力向上の訓練にもなることが、おわかりいただけると思います。

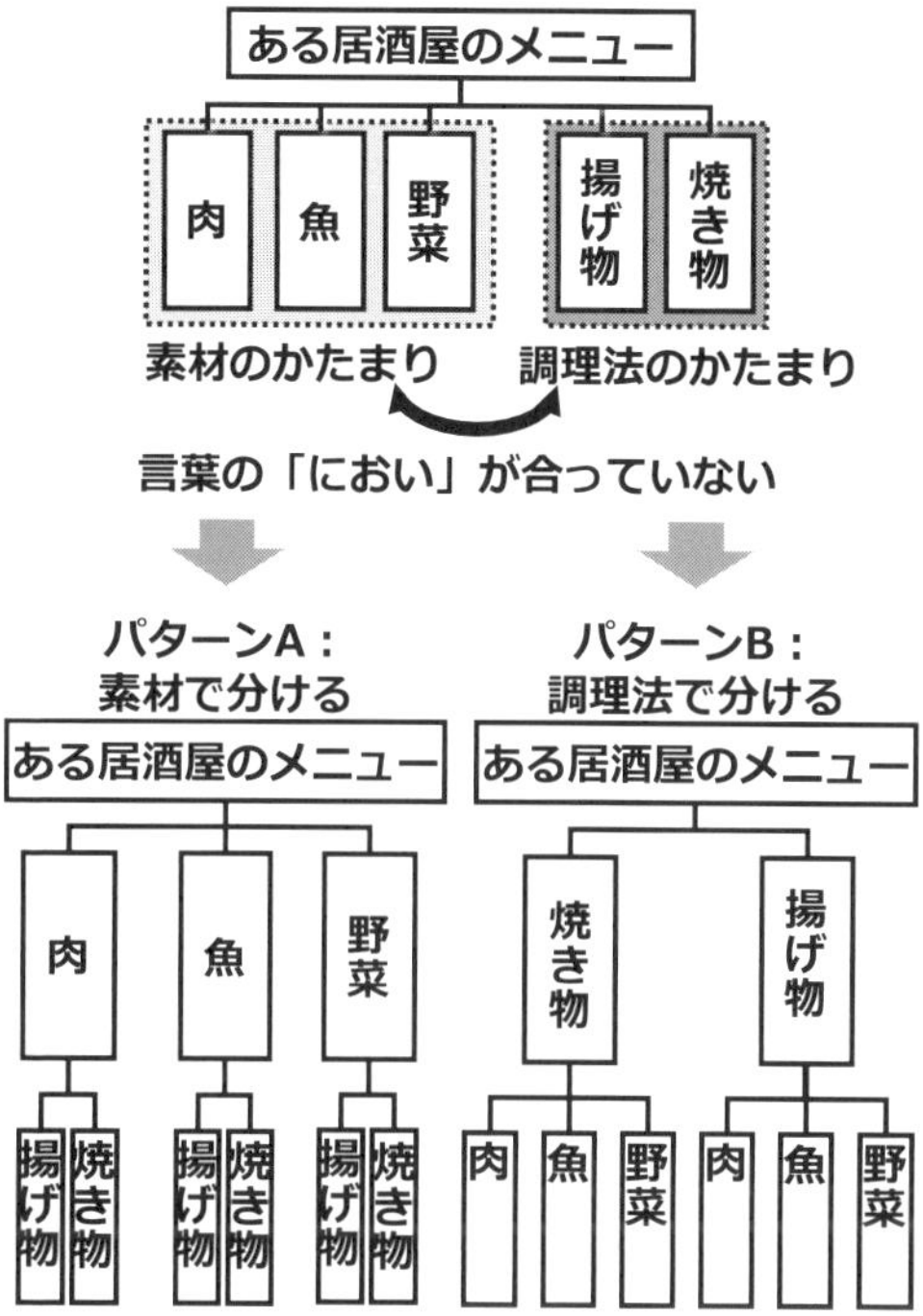

もちろん、居酒屋のメニューは論理的に正しく商品を分けることを目的としていません。お客様が注文したくなるような商品配置が目的のため、メニューの分類項目が間違っている、間違っていないという議論は無意味なことです。

また、居酒屋によってはおすすめ商品を何度も、複数のカテゴリーに掲載して、お客様の目につきやすくしているということもあるでしょう。

視線の流れには一定の法則がある

図を書くときは、見る人の視線の流れを意識することも大切です。あなたが会社でA４の横書き資料を渡されたとき、最初に見るのは一番上のタイトルですよね。その後は見出しがあればざっと確認し、改めて上から読み直すというのが一般的ではないでしょうか。

今あなたが読んでいるこの本は、縦組みの右開きになっています。あなたは右上の小見出しに目をやり、その後は右上から左下に視線を動かすのが普通だと思います。

人は文章を読む際、無意識に視線の置き方を決めています。

ですから一番目につくところに一番伝えたいことを書くなど人間の自然な視線の動きに添った図を書ければ、それだけあなたの思考もクリアになってきますし、相手に図を見せて説明するときも楽になります。

逆にいうと、視線の流れの迷いは、あなたの思考の流れまで迷わせてしまう可能性があります。一度書いた図は、冷静に第三者の目で見直してみて、**視線の動く順番で論理がつながるように気をつけましょう。**

視線の流れを意識しよう

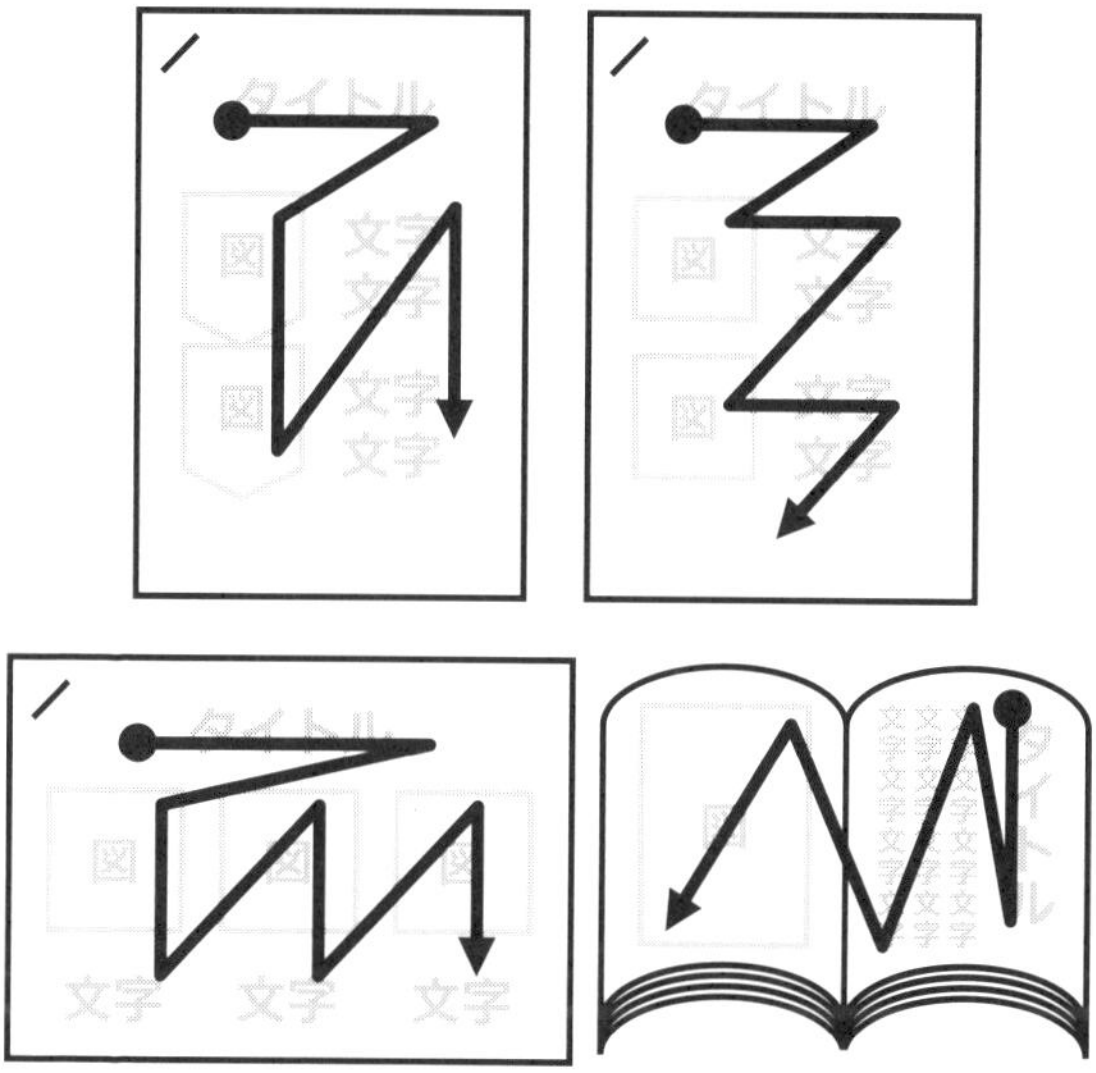

- 図の形や位置
- 縦書きか横書きか
- 右開きか左開きか

などで、視線の動きは変わってくる

この本で紹介する図解は、左開き、つまり左から開いて右に進めるタイプのノートを使い、横書きで文字を記入することを想定して、左上から右下に視線が流れるように設計しています。

この図に文字を記入するときは、基本的に左上に伝えたいことを凝縮して記入するようにしてみてください。一番大事なことがまっさきに目に入るようにするためです。

項目ごとに、箇条書きや小見出しなどをつけて目立たせるのも効果的ですが、それも人間の目の動きに従ったものであることが重要です。

第 4 章

P（目的）を探すための図を書いてみよう

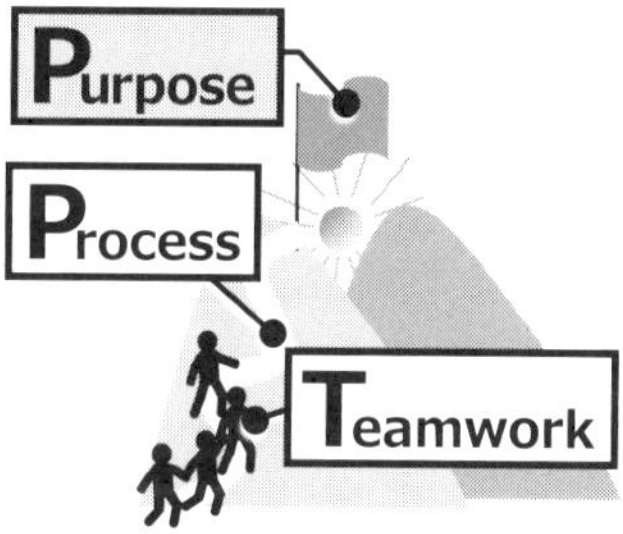

◎いよいよこの章では実際に図を書いていきます。最初につくってほしいのは、PPTのP（目的）を明確にするための図です。
◎「私には何も夢がない」「ぼんやりと好きなことはあるけれど、それは夢と言えるほどではないような気がする」という方にはもちろん、すでにはっきりした目的を持っている方にもぜひ一度、試しに書いてほしい図を集めました。
◎これから紹介する図と向かい合い、一旦客観的にものごとを見ることにより、夢の種が見つかったり、以前からぼんやりと頭の中にあった夢が現実味を帯びたりしてきます。
◎すでに目的がある方も、あらためて夢と向き合うことによって、その夢が本当に自分が欲しているものか、どの優先順位で進めていけばいいのかなどの道筋が見えるようになります。

打ち込めるものを探す：モチベーションチャート

まずはあなたの今までの人生を振り返り、大きな転機となったことと、そのときの自分の感情を書き出してみましょう。42ページで「自分年表」として紹介した図と同じものですが、正式にはモチベーションチャートといいます。

どんな人でも人生において嬉しかった瞬間、逆に最悪な経験をした瞬間があるでしょう。

その瞬間にこそ、実は「夢の種」が隠れているのです。

せっかくの嬉しいという思いも、それが何をきっかけに生まれたかを明らかにしておかないと、いい思いをした・楽しかった、という気持ちが残るだけで、その嬉しさが生まれた条件を再現することができなくなってしまいます。

逆に、最悪な経験をしたときは、その最悪な経験をどう生かすかという教訓を得ないまま、忘れてしまいたい、ただの苦い思い出になってしまいます。

この図を使うことで、**あなたがどんなときにモチベーションが上がり、人生が好転して**

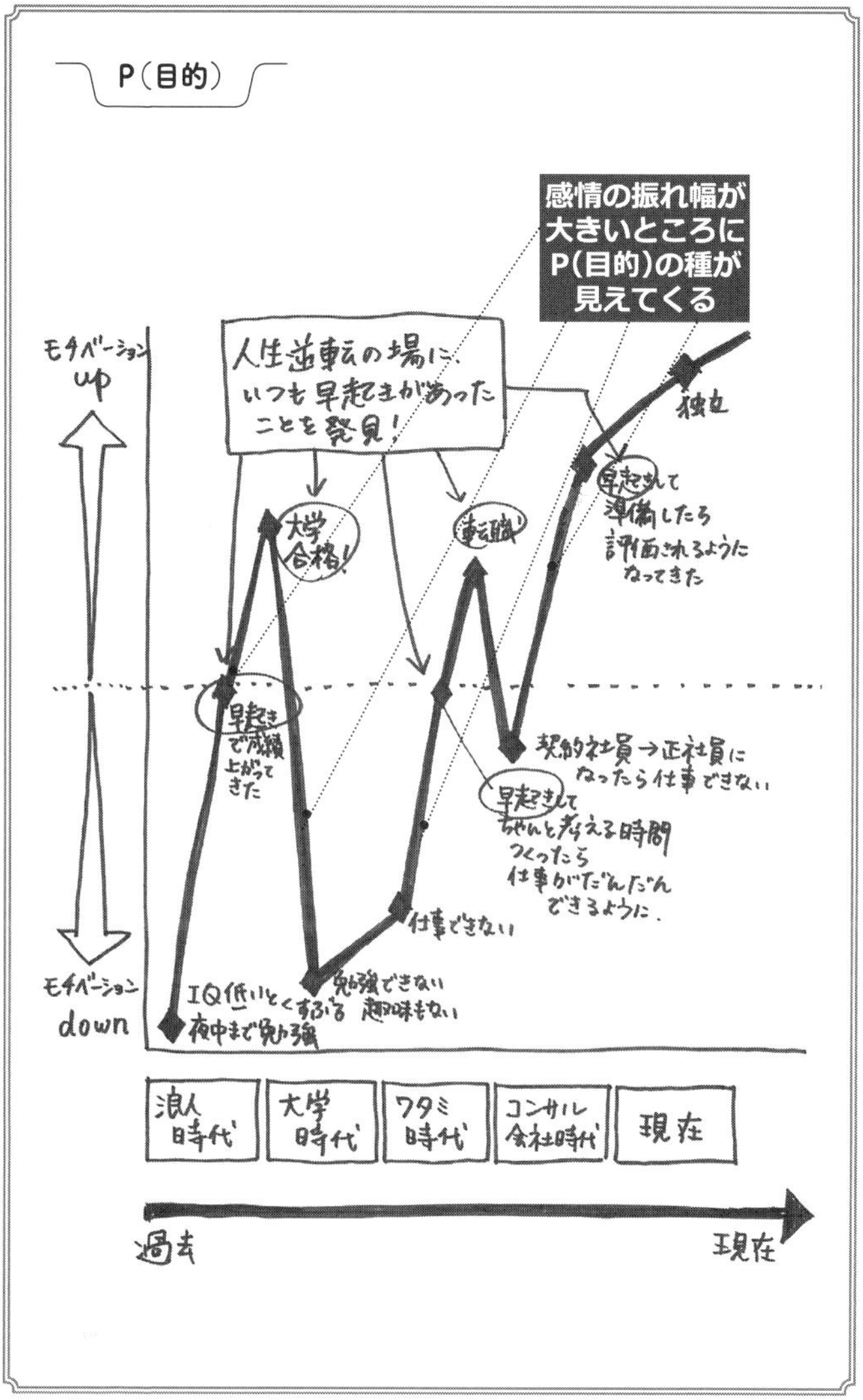
P(目的)
感情の振れ幅が大きいところにP(目的)の種が見えてくる
人生逆転の場に、いつも早起きがあったことを発見！
モチベーション up
モチベーション down
大学合格！
転職
独立
早起きして準備したら評価されるようになってきた
早起きで成績上がってきた
契約社員→正社員になったら仕事できない
早起きしてちゃんと考える時間つくったら仕事がだんだんできるように.
仕事できない
IQ低いとくすぶる
勉強できない 趣味もない
夜中まで勉強
浪人時代
大学時代
ワタミ時代
コンサル会社時代
現在
過去
現在

いくのかを冷静に眺めることができるようになります。

逆にモチベーションが下がった状況を思い出し、その原因を改めて振り返ることによって、あなたの心の動きや、周囲の状況から何らかの法則が見つかります。

さらにこの図を使うと、**自分はどんなことに喜びを感じ、どんなときに落ち込むかが「見える化」できる**ので、将来の夢を探すためにも役立ちます。

ポイントは、**感情の振れ幅が大きいところに着目する**ことです。

そうなったきっかけが何かを思い出すことで、自分が好きなもの、嫌いなものの価値基準が明確になってきます。

すでに述べたように、私の場合は、このチャートのお陰で私を支えてくれたのが「早起き」だったことに気づくことができ、初めての本である『「朝4時起き」で、すべてがうまく回りだす！』の企画を出すことができました。

モチベーションチャート

P(目的)

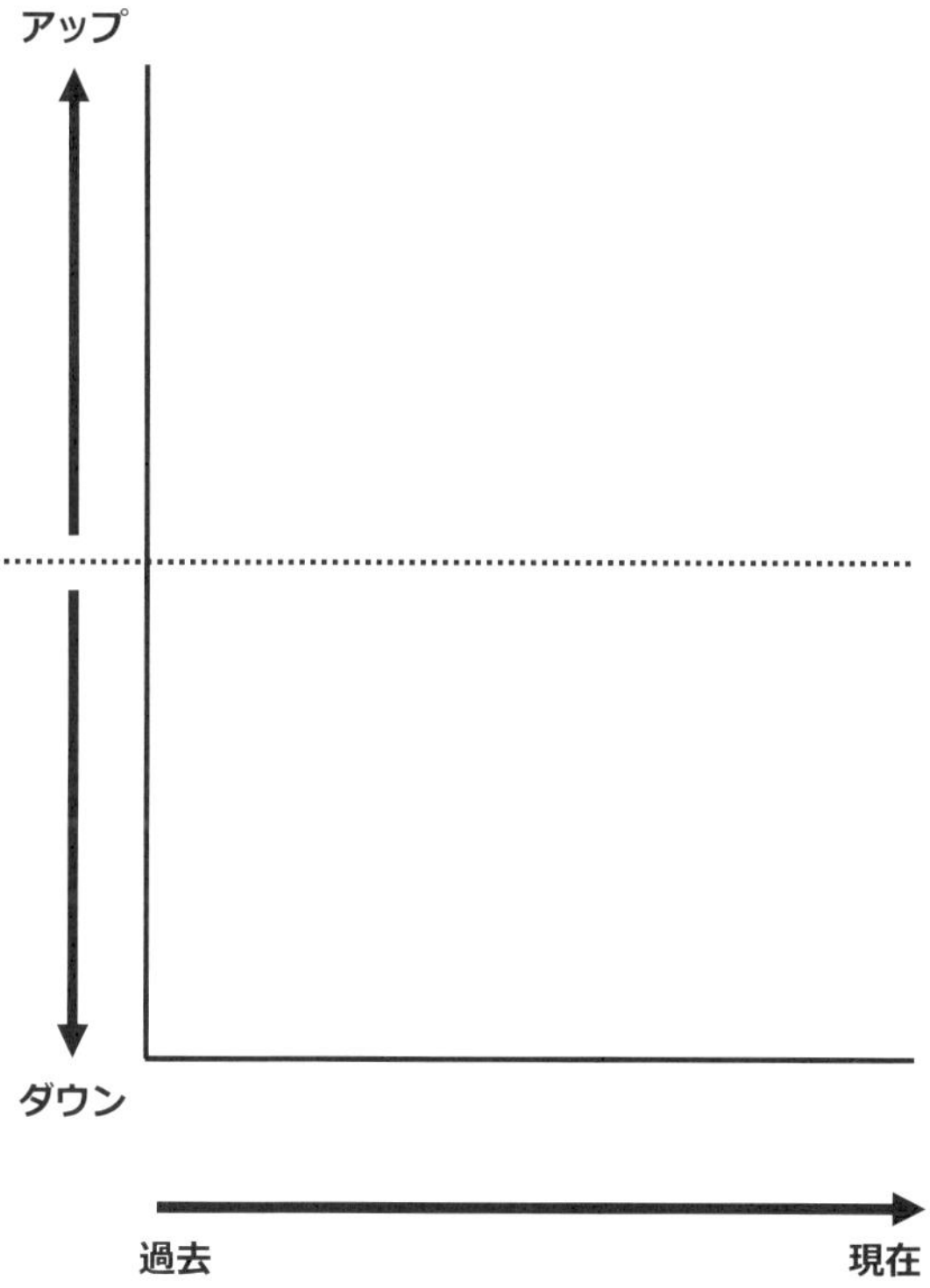

悩みの堂々巡りから抜け出すために：Why・What・Howの木

どんなときも熱い想いを忘れず、常に夢を追い続け、辛いことや理不尽なことがあっても夢を胸に抱いて前向きに進んでいくことができる……。そんな人は、そうそういません。誰でも時には、自分が何の役にも立っていないように感じて、やる気をなくすこともあるでしょう。

そんなときに使ってほしいのが、**Why・What・Howの木**という図です。

5W1H、あるいは5W2Hという言葉は、おそらく新入社員の頃、「報・連・相」とともに、文書や会話でコミュニケーションをはかるための「基本のき」として、上司から何度も聞かされたでしょう。

念のためおさらいしておきますと、5W1Hとは**Who（誰が）、What（何を）、When（いつ）、Where（どこで）、Why（どうして）、How（どのように）を指します。もう1つのHを加える場合は、How much（いくらで）**も含めます。

よく耳にする便利なフレームワークではありますが、これは相手に何か伝える場合に、ヌケやモレがないよう伝えるための切り口。

つまり、PPTの法則でいうと「T(チームワーク)」のときには必要となりますが、**あなた自身の問題分析なら、Why・What・Howの3つで十分です。**

これらを**りんごの木になぞらえて、問題に感じていることをマッピング**してみましょう。

Why・What・Howは、それぞれ次のような意味を持っています。

Why：私はどうして不満を感じているのか(悩みの根本原因＝木の根っこ)
What：その不満は、何があれば解決するのか(解決策＝果実)
How：具体的にはどう行動すればいいのか(根っこと果実をつなげる幹)

私の例を挙げましょう。

私がコンサルティング会社時代に在籍していた部署は、「はじめに」でもお伝えした通り、資料作成部門でした。並行していくつものプロジェクトが進んでいる中、複数のコンサルタントから持ち込まれる手書きの原稿を、きれいに、見やすく、伝わりやすいパワーポイント資料につくり変えるという部署です。

つまり、コンサルタントがクライアントに大事なプレゼンをするために通過すべき最後の砦でもあり、私たちが会社のクオリティを守っていると考えるとやる気が出るのですが、毎日毎日、1日に50〜100枚もの資料をつくっていると、気分が滅入ってしまうことも。

「自分は、紙を入れたらパワポ資料が出てくる、資料作成マシーンじゃないだろうか」

「私がいなくても、別に困らない仕事なんじゃないだろうか」

「そのうち、コストが安い外国の労働者に取って代わられてしまう仕事なのでは」

と落ち込み、やる気をなくしてしまうこともありました。

もしあなたが私と同じように、無力感を覚えたり、自分はちっぽけな存在だという気持ちになりそうになったら、この図を使って頭を整理してみてください。

私はこの図により、

「私がやる気をなくすのは、自分の行動に対して、誰からも何も反応をもらえないときだ」

と気づきました。

そこで私は、結果が目に見えてわかったり、誰かからフィードバックがもらえるような

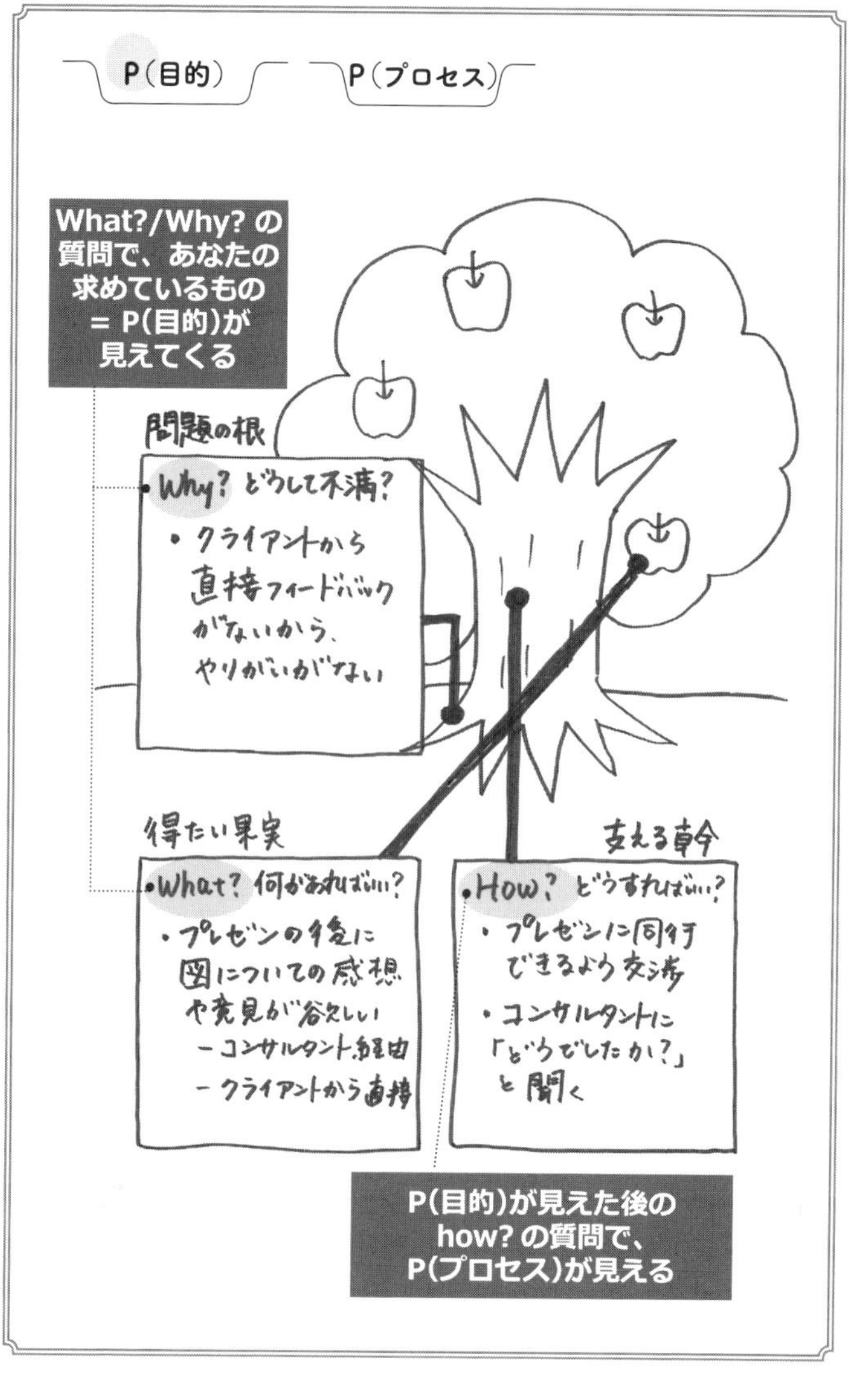
P(目的)
P(プロセス)
What?/Why? の質問で、あなたの求めているもの = P(目的)が見えてくる
問題の根
Why? どうして不満?
・クライアントから直接フィードバックがないから、やりがいがない
得たい果実
What? 何があればいい?
・プレゼンの後に図についての感想や発見が欲しい
−コンサルタント経由
−クライアントから直接
支える幹
How? どうすればいい?
・プレゼンに同行できるよう交渉
・コンサルタントに「どうでしたか?」と聞く
P(目的)が見えた後の how? の質問で、P(プロセス)が見える

機会を意図的につくり出すようにしました。たとえば、「あのプレゼン、結果どうでしたか？　お客様はどうおっしゃっていましたか？」と、何かのついでに聞くことを心がけたり、上司が大学の講師をするときは、差し支えない範囲で見学して、授業で自分の書いた図が使われているのを見せてもらうようにしたりしました。

こうして頻繁にフィードバックを得る機会を得て、自分が必要とされているという気持ちを満たすことができた上、いいフィードバックを得ようと工夫し、「さすが池田千恵なら信頼できる」といわれるほどのクオリティを目指そう、とやる気を維持できました。

それが、現在の仕事につながったのです。

Why・What・Howの木

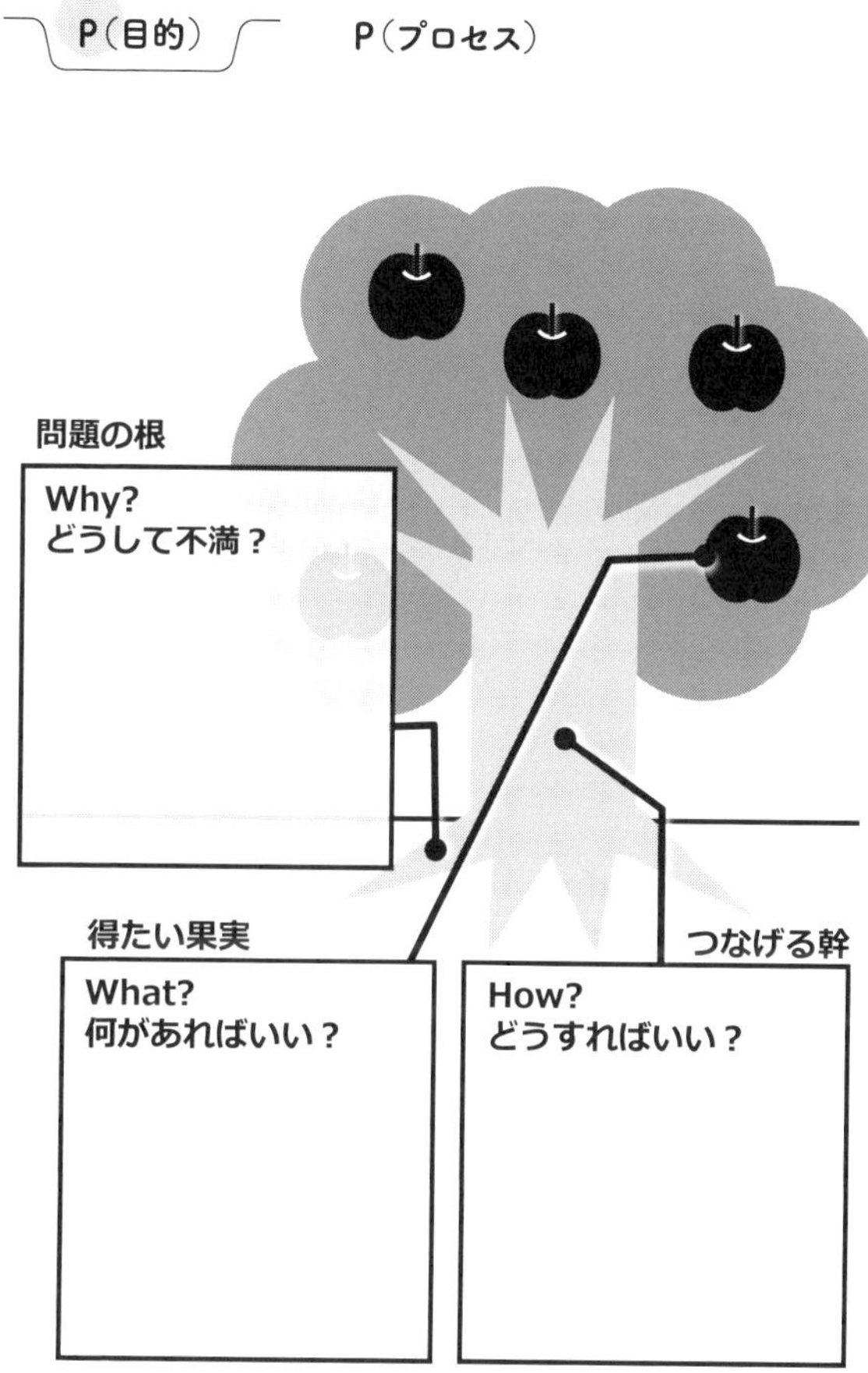

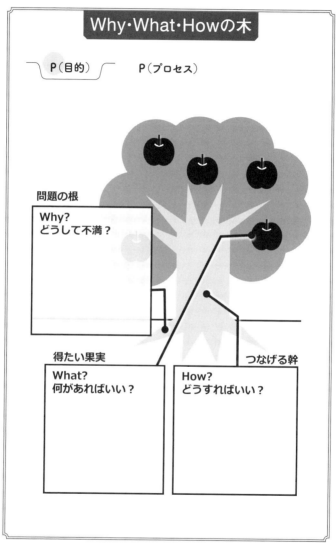

自分だけの〝立ち位置〟はどこ？：ポジショニングマップ

「私もあの人のようになりたい」と思い、その人の服装や言動、ライフスタイルをマネするほど誰かにあこがれたことがありますか？

私はあります。会社員時代は、仕事ができる先輩にあこがれていました。その先輩がどうやって仕事をしているのか、上司との会話や電話の対応に耳をそばだてて吸収し、真似していました。

将来の起業を視野に入れてビジネス書を読み始めたときは、自分がこうありたいと思う理想の経営者の本を読み、経営者としての考え方や行動をそっくりそのままマネしたこともあります。

とはいえ、いくら行動をマネしても、あたりまえですが、私は私でしかありません。そっくりそのまま、憧れの人になれるわけではありません。

一通り真似たあとに、**自分ならではのポジションを確立する必要があるのではないか**と

P(目的)

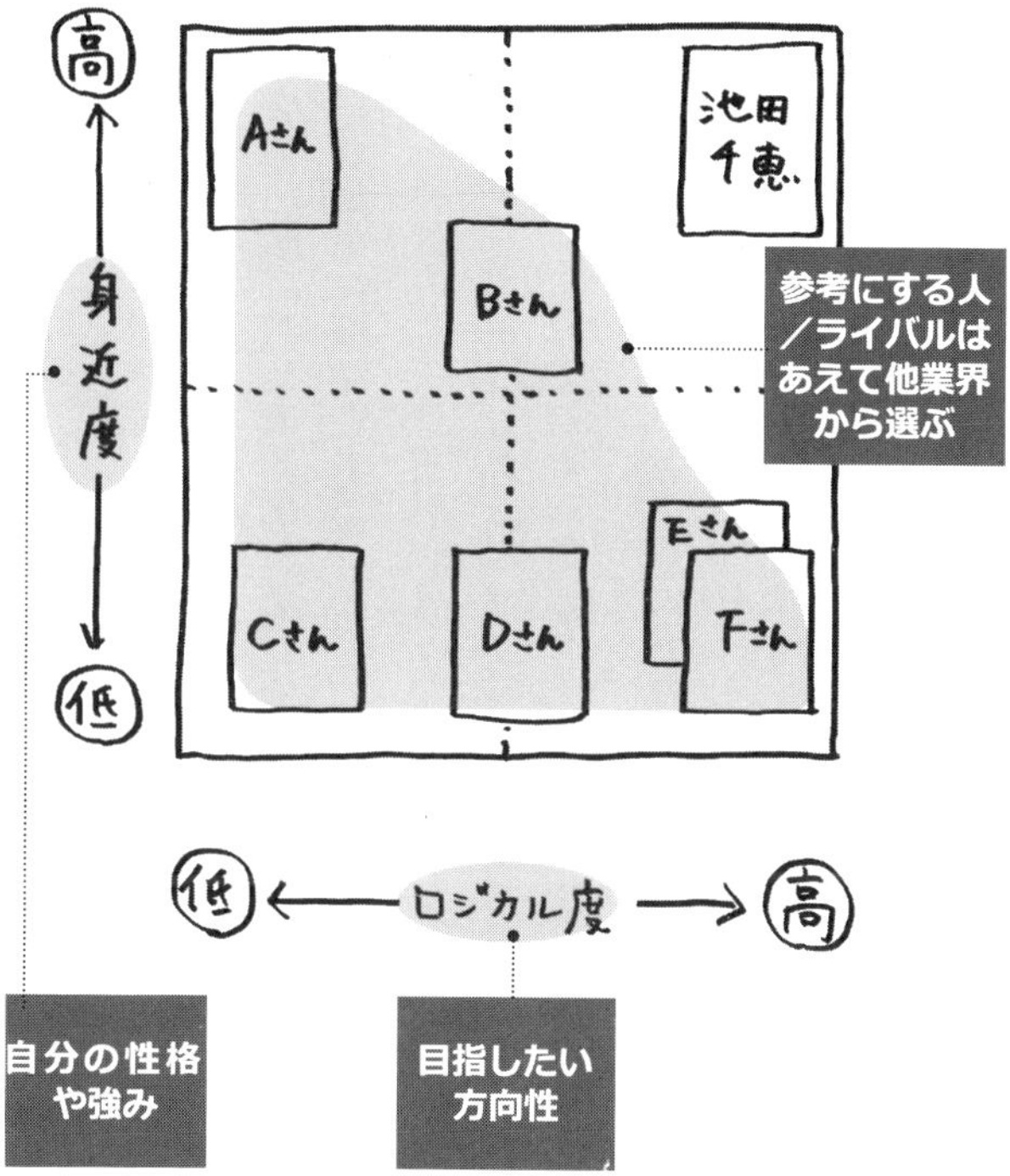

この図では個別に参考にさせていただいている方の名前は出しませんが、すべて私の仕事と違う業界の方です。

感じるようになりました。

このようなときに役立つのが、私がポジショニングマップと呼んでいる図です。

自分の現時点の位置、憧れの人やライバルの位置を書き込むことで、**いったん憧れや嫉妬の気持ちを横に置いて、冷静に自分のスタンスを把握できます。その結果、具体的に比較相手のどの部分を参考にし、逆にどの部分を反面教師とし、どういったポジションを取れば自分の存在が際立つかがわかります。**

この図はマトリクスと呼ばれる、正方形が4つつながった図を使います。縦軸と横軸には、高低、大小など対比することのできる、独立した2つの指標を置きます。

たとえば私の場合、自分自身を振り返り、自分の性格や強みである「身近度」を縦軸、目指したい方向である「ロジカル度」を横軸に置き、ポジショニングを設定しました。

その結果、自分の強みである身近さを忘れないまま、モヤモヤした悩みや目標を現実にするための図の書き方をロジカルにお伝えしようと思うようになりました。

またこのマップを書くことにより、図解関連の仕事をしている方と張り合うよりも、コミュニケーションを専門にしている方を参考にしたほうが、私のミッションである「世の中のボタンのかけ違いをなくす」ことに注力できると気づき、気持ちが軽くなりました。

ポジショニングマップを書いてみよう!

P(目的)

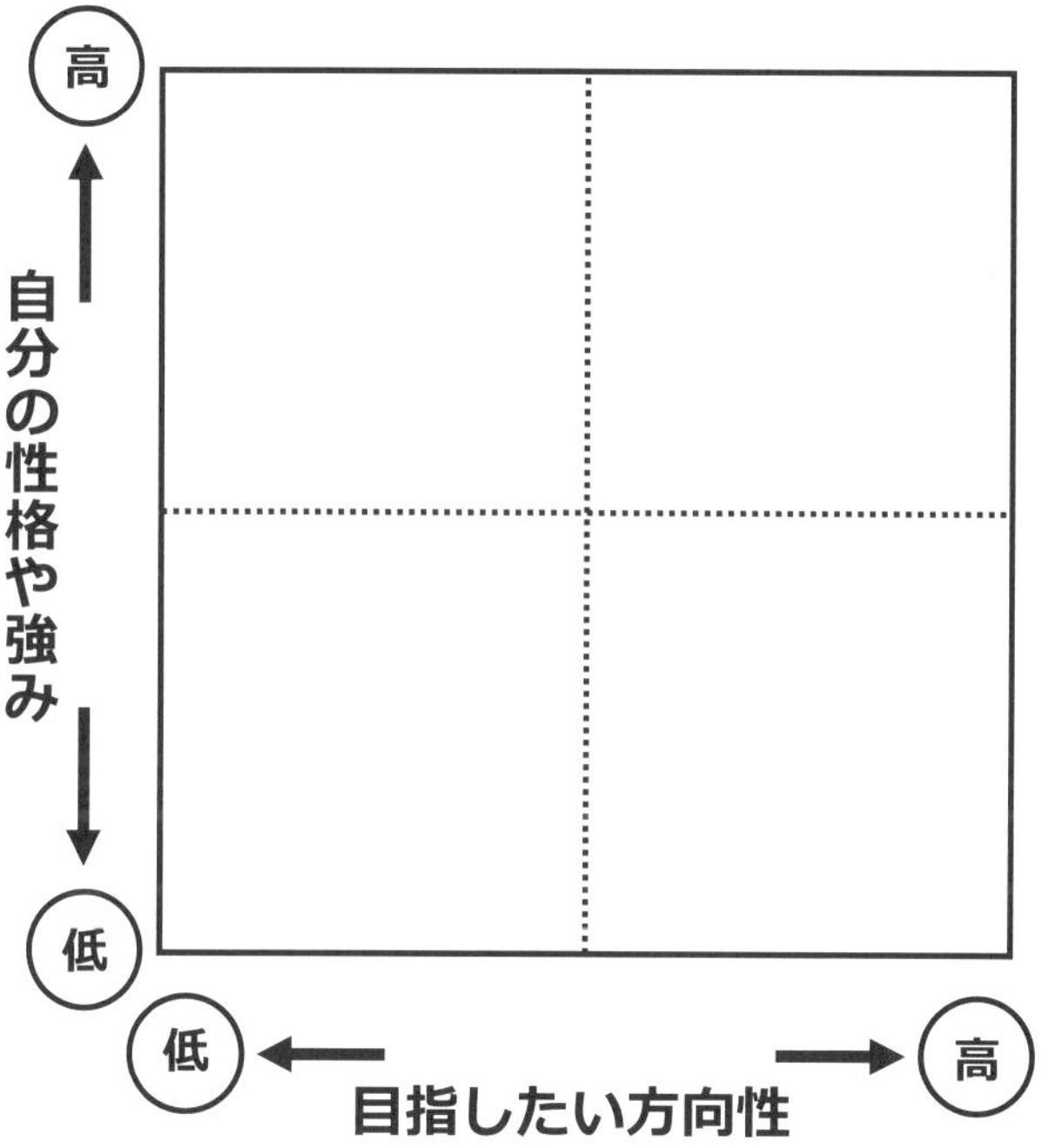

自分が好きで、得意で、勝てるものは何か：ストーカー深掘りシート

「ストーカー」と聞くとドキッとしてしまうかもしれませんが、あのストーカーではありません。「ス・好き」「ト・得意」「カ・勝てる」の頭文字から名づけただけですが、英語で「ｓｔａｌｋｅｒ」とは、獲物を追い求める人という意味もあります。

「好き」

「得意」

「勝てる」

この3つの分野を追求すると、たとえ夢にフラれそうになっても、まるでストーカーのようにしつこく、めげずに夢を追いかけることができるために名づけました。

多くの人は「好き」なことを夢中で続けます。

好きなことを続けるうち、そのうちのいくつかが「得意」になって、さらに極めようと

P(目的)

T(チームワーク)

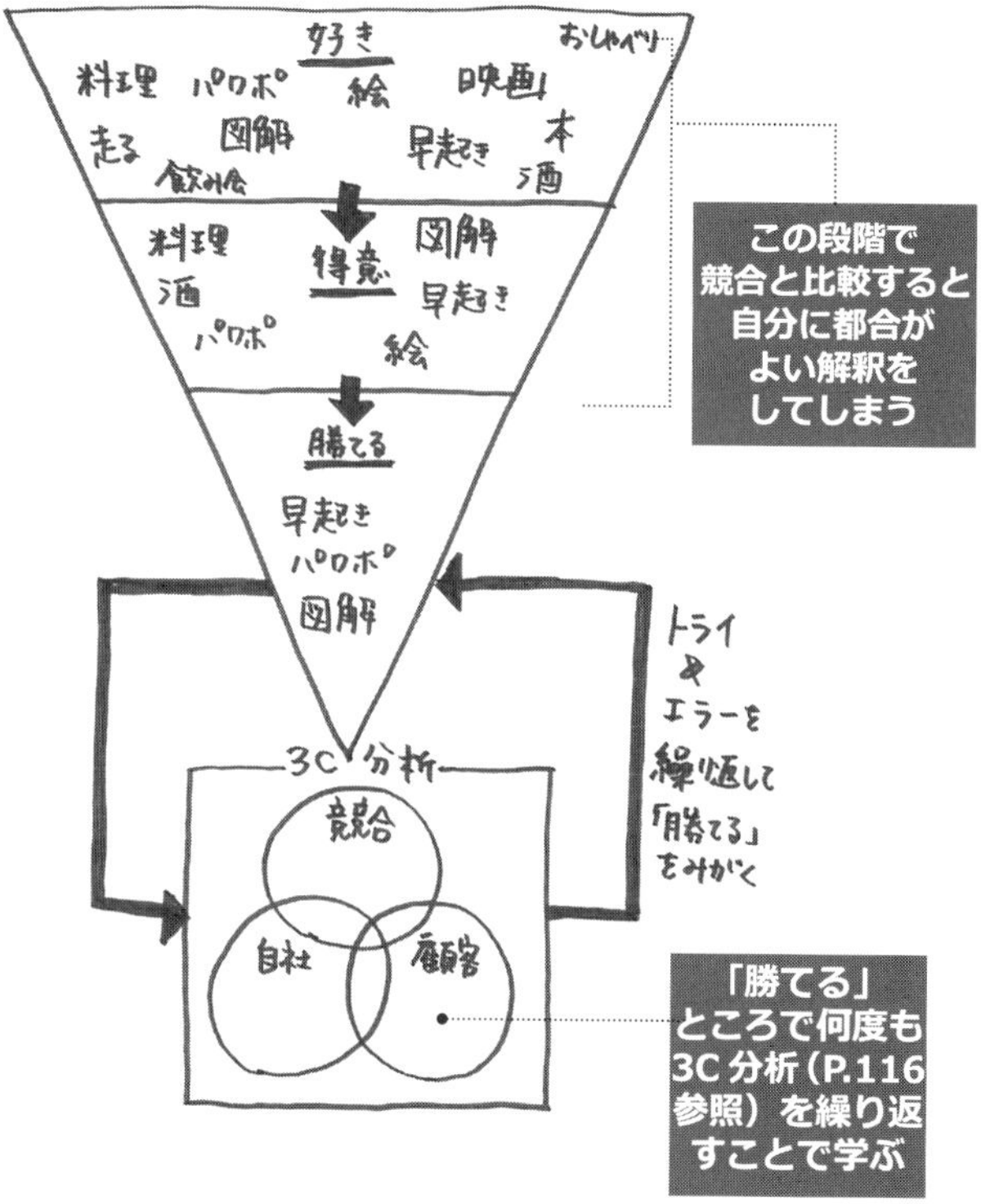

3C分析の提唱者は大前研一氏、1970年頃

します。そしてこれが仕事になったらいいなと夢想します。しかし、なかなか好きを仕事にする勇気がなかったり、仕事にしたとしてもうまく軌道に乗せられず、悩むことも多いのではないでしょうか。

そんなときにおすすめなのが、この図です。

① 最初にあなたの「好き」をどんどん書いていきます
② それをふるいにかけ、「得意」なものを抽出します
③ そして最後に「勝てる」ものまで絞り込みます

ただし、③の「勝てる」かどうかは、なかなか客観的に見ることができない上、常に流動的です。

市場の変化、顧客の状況、自社（あなた）の成長度合いにより、つい先月は「勝てて」いても、いつ足元をすくわれるかわからないからです。

そこで登場するのが**３Ｃ分析**です。

３Ｃ分析とは、次の３つの軸でものごとを分類することで、自社の強みや成功のための

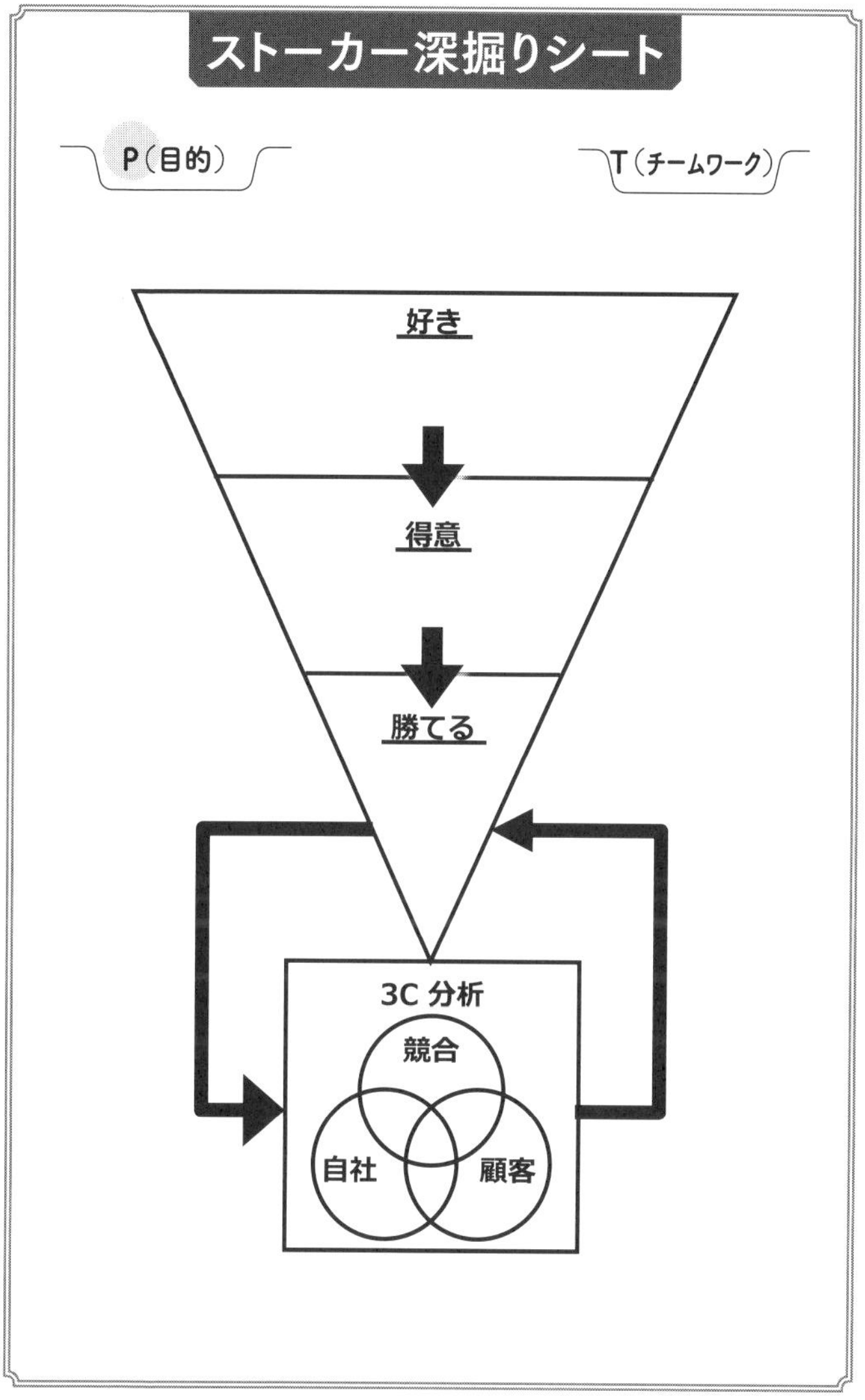

3C分析の提唱者は大前研一氏、1970年頃

鍵を探るフレームワークです。

①市場（Customer）
②競合（Competitor）
③自社（Company）

単に「好き」や「得意」なところで3C分析をしても、自分の都合がよいように物事をとらえてしまいがちですが、「勝てる」ところまで絞って分析することによって初めて、本当に勝てるかどうかの分析が活きてきます。

あなたの「勝てる」に見当がついたら、その「勝てる」を3C分析の「自社」に当てはめ、市場と競合を分析していきましょう。

そしてその仮説が当たっているかどうかを、実際に動き出してトライ&エラーで探っていくのです。

前にも述べましたが、私は「好き」と「得意」が重なっていた料理とお酒を極めようと、料理研究家を目指していた時期があります。

しかし、この「ストーカー深掘りシート」を使って考えた結果、**私にとっての料理とお酒は、「好き」と「得意」以上のものではないことに気づかされました。**お客様にそのサービスを提供したとき、努力に見合う代金をいただく自信がなかったからです。

私は、料理とお酒が好きすぎて、たとえば料理教室を開催すると、徹底的に食材にこだわってしまい、原価割れを起こしてしまうのです。あまりにも好きすぎると冷静な頭でものごとを判断することができないと気づきました。

また、競合と比べたときの自分の実力にも不安がありました。

というのも、私が得たワインやチーズなどの食材の知識は、資格を付与した協会が出している教科書以上の価値を提供できていないとわかったからです。私はワインエキスパートというソムリエに準ずる資格を持っていますが、この道20年のソムリエや、シニアソムリエの前では堂々と張り合えません。

それでもなんとか独自路線を探れないかと考えました。「発酵」つながりで、パン、チーズ、日本酒などの資格を取得し、その合わせ技で「勝てる」ところまで持って行けないかと試行錯誤しました。

しかし、やはり「好き」がすぎると、私の場合はうまくいかないということに気づきました。また、料理を極めようといろいろ調べていくうち、私は「料理」そのものよりも、「料理を通じた人との関わり」が好きだと知ったことも、大きな発見でした。

その結果、料理を通じて人とコミュニケーションを図ることができる、サロンのような場所で会を開くだけにとどめようと割り切り、友人や知人限定で要望があったときのみ開催、というスタイルで続けるという決心ができました。

一方、今仕事にしている「図解」は、好きで得意な上、コンサルティング会社で6年間図をつくり続けた経験と、それを体系化した知識があるため、冷静さを失うことなく、楽しく続けることができています。

私は会社に勤めながら料理教室を開催していたこともあるのですが、その頃から、パワーポイントで講義資料をつくっていました。そこで生徒さんにわかりやすいと言ってもらえたり、コンサルティング業界以外の方に図を見てもらって評価をいただいたりしたことから、「得意」と判断しました。さらに、「図解化コンサルタント」はまだ日本では定着していない職業であることからの希少性もあるし、私は、コンサルティング会社以外に外食企業など、生活者にとって身近な企業での経験もあることなどから、「勝てる」と判断しました。

「図解」を媒体としてコミュニケーションミスが減っていく場面を目の当たりにすることで、「図解」が、私にとっての「料理」と同じように、人との関わりをもたらしているものだということもわかりました。

私もまだまだ夢を追っている途中なので、今後もストーカー深掘りを続けていくつもりです。

このように、**あなたの夢を深いところまで掘り起こすのが、このストーカー深掘りシートなのです。**

人生の岐路に立ったとき、AかBかで迷ったら…NMPの天秤図

自分の夢や楽しみに向かい始めるとき、たいていの人はワクワクドキドキしますよね。できることなら、それがうまくいかずに最悪な状態になるところなんて想像したくないのも当然だと思います。

でも、自分が進もうとしている道にはそれを阻む壁や、その道を進まないことによるメリットもあるわけです。それがぼんやりとわかるとき、人は迷うのでしょう。そんなとき、えいや！　なんとかなる、させてみせる！　と後先考えずに動いてしまうと、貴重なあなたの人生の一時期が無駄になってしまうかもしれません。

あなたがこんな事態に陥りそうになったら、一呼吸おいて、この「NMPの天秤図」で目の前の問題を分類しましょう。

NMPとは、次の3つの頭文字を取ったものです。

P(目的)

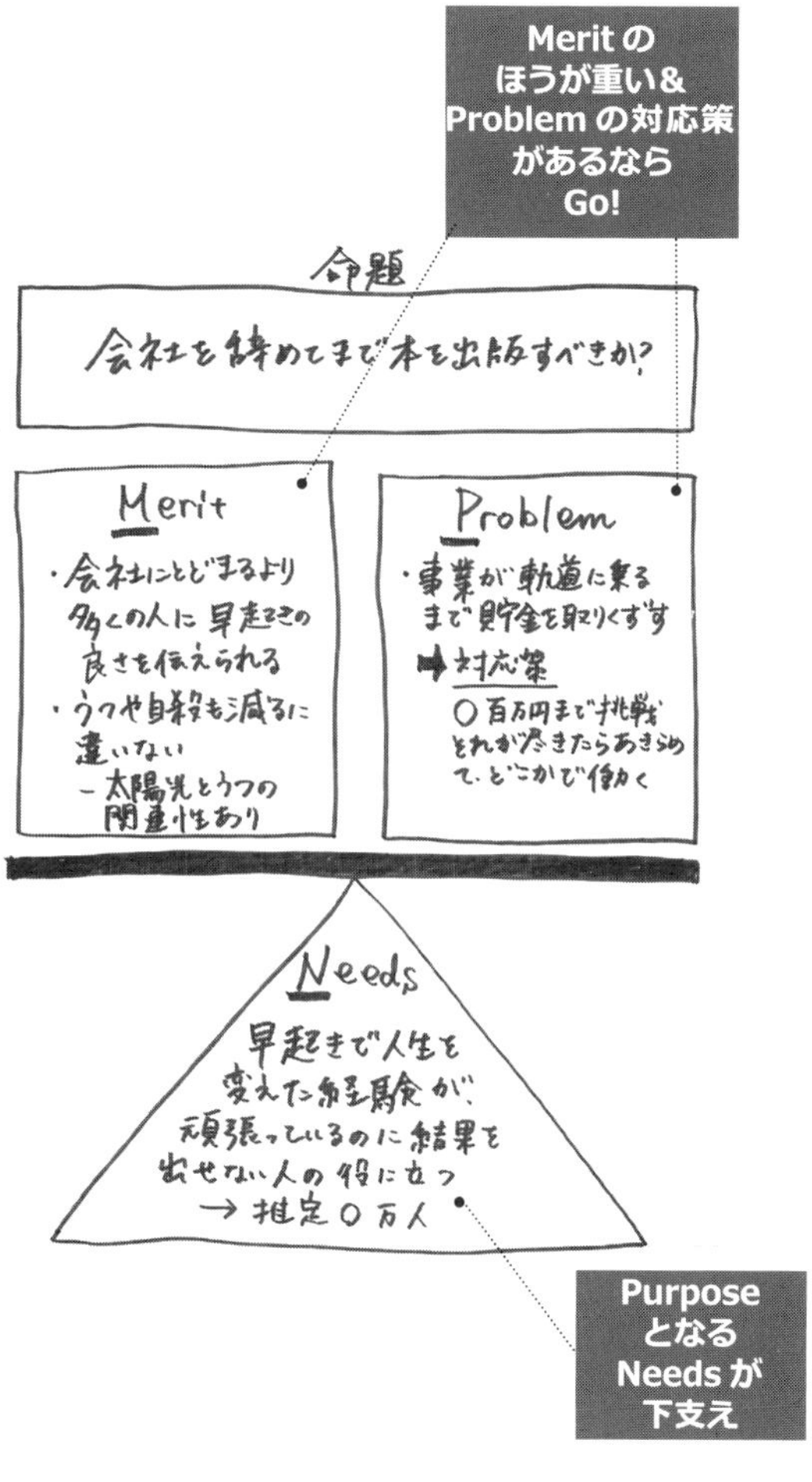
Meritのほうが重い&Problemの対応策があるならGo!
命題
会社を辞めてまで本を出版すべきか?
Merit
・会社にとどまるより多くの人に早起きの良さを伝えられる
・うつや自殺も減るに違いない
ー太陽光とうつの関連性あり
Problem
・事業が軌道に乗るまで貯金を取りくずす
➡対応策
○百万円まで挑戦
それが尽きたらあきらめて、どこかで働く
Needs
早起きで人生を変えた経験が、頑張っているのに結果を出せない人の役に立つ
→推定○万人
PurposeとなるNeedsが下支え

N＝Needs　：必要性（どうしてそれをする必要があるのか）
M＝Merit　：メリット（それをすることによって得る利益は何か）
P＝Problem：問題（それをしないことによって発生する問題があるか）

「ニーズ」は天秤の軸のように、あなたがすべきことを底支えしています。「ニーズ」という土台がしっかりしていないものは、そもそもやる意味がありません。ここに入れる言葉に説得力が見い出せないなら、最初からやる必要がないのかもしれません。そのうえで「メリット」と「プロブレム」を天秤にかけて、どちらが重いのか考えてみることです。

私の最初の本の企画が出版社で通った際、私は勤め先に相談しました。しかし、社員の出版はどんな理由であれ、NGだという返答でした。しかし、私はどうしても本を出したかったのです。なぜなら、つらい思いを「早起き」で跳ね返した経験があるからです。そのときに考えたのがこの図です。

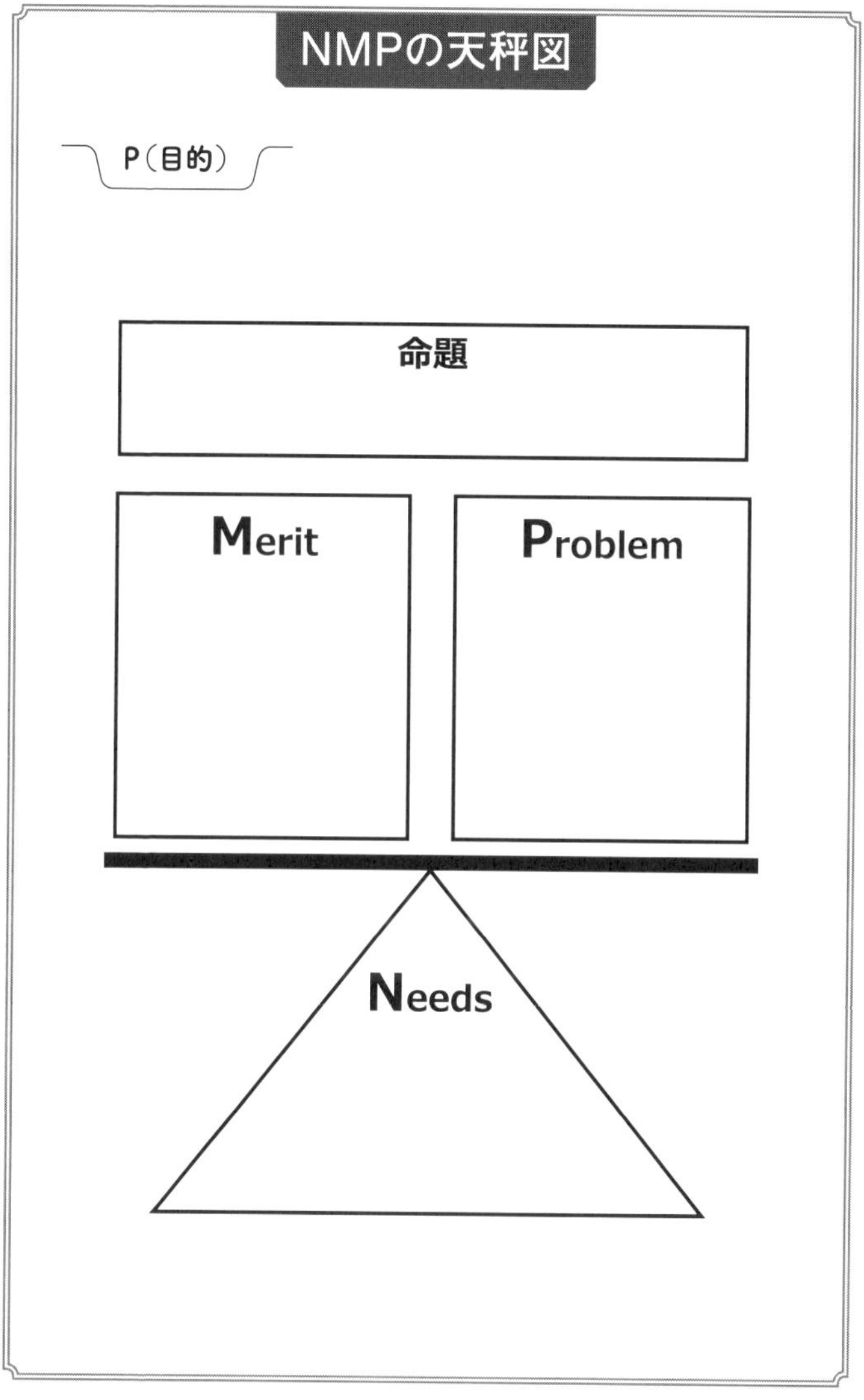
NMPの天秤図
P(目的)
命題
Merit
Problem
Needs

私は早起きの人が増えることによって、うつや自殺を減らすことができると本気で信じています。そのためには、出版という形で何千人、何万人の方に私の書いた本を手に取ってもらえたほうが、会社にとどまるよりもより世の中のためになると思ったのです。

この気持ちがあったからこそ、お世話になった会社から卒業するという決断ができました。

「ニーズ」という土台がしっかりしていると、「メリット」と「プロブレム」を冷静に比較することができます。

また、夢を語るときにはメリットばかりに目を向けてしまい、プロブレムから目をそらす方もいるでしょう。

しかし、このシートはメリットだけでなく、プロブレムの部分もきちんと記入することで、**メリットとプロブレムのどちらが重要であるかを冷静に比較する手助けとなります。**

このシートに沿って書き出していくことにより、情熱的なモチベーションと冷静な分析のバランスを保つことができるのです。

また、この図は、上司やクライアントに理不尽な要求を突きつけられたときなどに、**カ**

ッとする自分を冷静に分析するためにも使えます。

やりたくないこと、やらざるを得ないことでも、意味を見い出して仕事を進めることができるようになったりもします。

また自分の意見を相手に伝えたいけれど、説明がむずかしいようなときは、この図を使って説明してみましょう。嫌みなく、論理的に主張を相手に伝え、自分の意見を通すことも可能になります。

第5章

P（プロセス）を使った図を書いてみよう

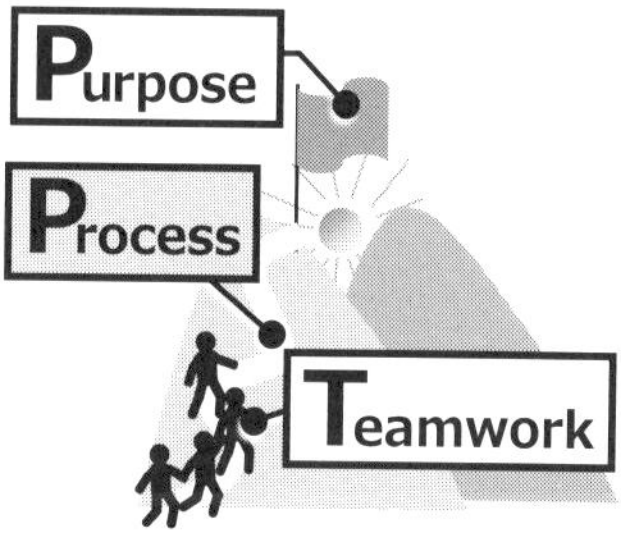

◎P（目的）が明確になったら、次はその目的に到達するまでのプロセス（Process）を細かく設計していきましょう。
◎プロセスの図とは何も、スケジュール表だけではありません。階段を1段1段上るように、モチベーションを高めながら目標に向かう工夫もP（プロセス）の図です。
・道に迷いそうになったり、めげそうになったときに原点に立ち返る図の書き方
・人生の先輩の話をきちんと消化して、自分の成長につなげる図の書き方
◎これもP（プロセス）の図です。今から少しずつ説明していきます。

明日からの行動計画を練る：夢スケジュール

やる気を維持するためには、目に見えて進んでいるという実感が必要です。その点、頑張った結果がすぐに数字に出るＴＯＥＩＣやその他、資格試験はプロセスの図をつくるのにぴったりです。

資格試験の受験を例にとって、「**夢スケジュール**」を記入してみましょう。**立てた計画を淡々とこなし、クリアしていくときに役立ちます。**試験勉強は夢を現実にするために必要なステップだという方におすすめします。この図は司法試験や税理士試験などの国家資格取得にも十分効果があります。

私はワインエキスパート、チーズプロフェッショナルなど、飲食に関する資格を過去に取得しました。

これらの勉強は受験勉強と同じく、暗記や問題演習が主でした。テイスティングも大事ですが、一次試験はマークシート式のペーパーテストです。原料や品種、味わいの違い、

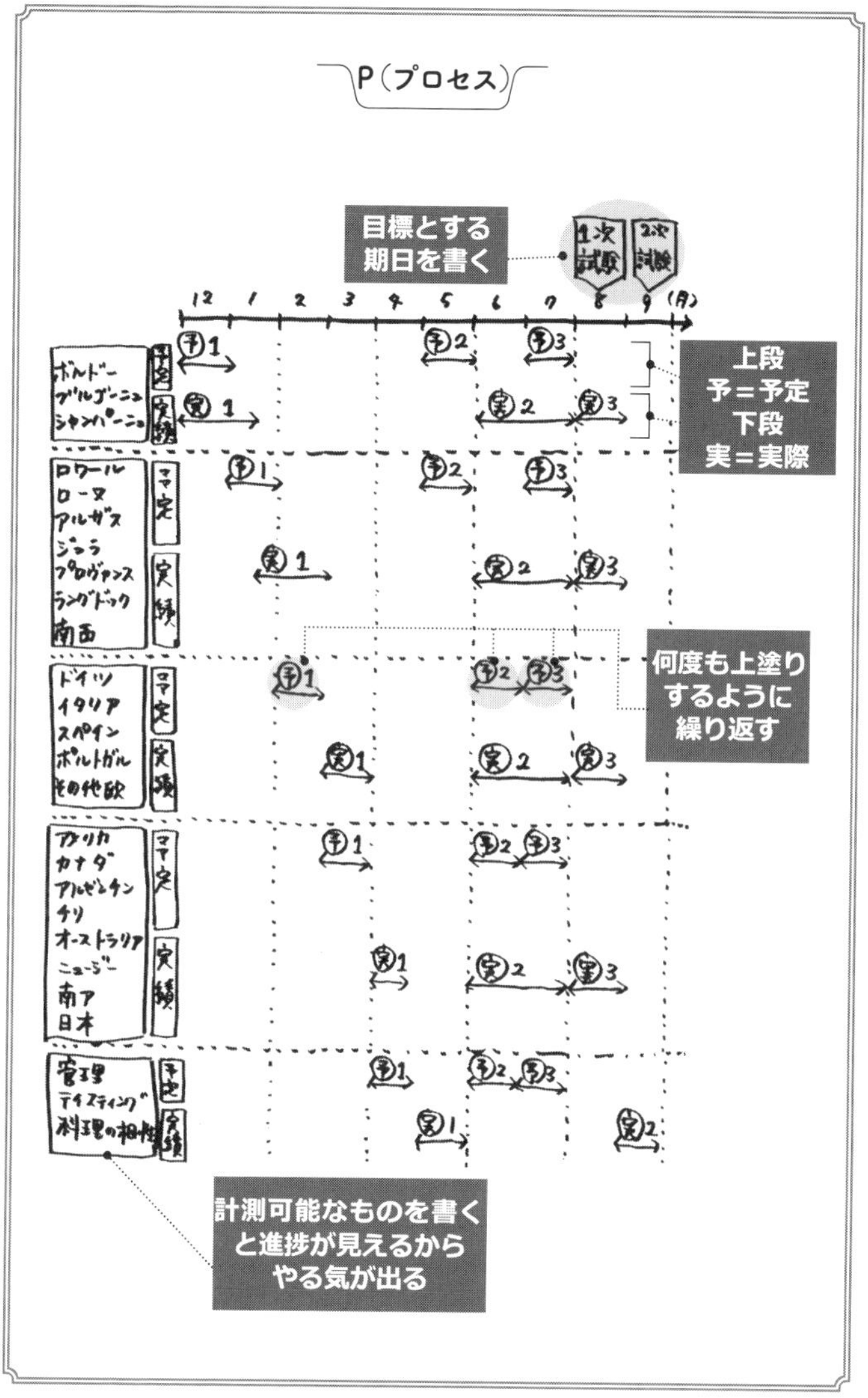
P（プロセス）
目標とする
期日を書く
上段
予＝予定
下段
実＝実際
何度も上塗り
するように
繰り返す
計測可能なものを書く
と進捗が見えるから
やる気が出る

原産国別の特徴やワインと料理、ワインとチーズの相性など、さまざまな細かい知識を暗記していく必要があります。そこで私は単語帳にワインの銘柄・原産国などを記入し、通勤電車の中でそれを眺めて暗記をしていました。

先日、現役で東大に合格、さらに東大在学中に司法試験に合格し、裁判官をつとめた後、弁護士に転身した白川敬裕さんの話を聞く機会がありました。

彼は小学校6年に進級する直前、初めて私立中学の模擬試験を受けました。その際「あなたの今の実力で合格可能な中学はない」と判定されてしまったそうです。その悔しさをきっかけに、中学受験を目指して猛勉強を開始することになりました。

合格するためには、どうしたらいいか。

試行錯誤して得た結論が、勉強計画を十分に立て、決めたスケジュールに従って淡々と勉強するといういわば当たり前のことでした。計画には半日以上費やし、教科書を分析。1日にどれだけの勉強をすれば試験に間に合うかを綿密にスケジューリングしました。その結果、目標中学、目標高校に合格できたそうです。

それでも高校の最初の模試では100人中36番。その高校においては、東大合格は無理なレベルでした。ここで彼はさらにスケジュールに工夫を加え、繰り返すことをしくみ化することによって、100人中4番に成績をアップさせることができました。

東大合格後も、中学時代からの夢だった裁判官になるため、1年生のころから少しずつ勉強を重ね、在学中に司法試験に合格することができたのです。


白川さんのスケジュール帳と、私のスケジュール帳を組み合わせて考えたのが、この「夢スケジュール」です。

この図のポイントは4つあります。

①教科書などを参考に勉強すべきページ数を月割（長期予定の場合）／日割（短期予定の場合）で算出し、1日で勉強すべき量を明らかにする
②同じことを何度も、上塗りするように繰り返す
③日割りにする場合、不測の事態が起きてノルマをこなせなかったときのために、土日などでリカバーできるよう余裕をもって予定を組む
④予定と実績を一目で見えるようにする

ここでは、月単位という比較的大まかなスケジュールで全体を見渡すようにしていますが、最初にこれをつくることによって、同じ要領で日単位の細かなスケジュール管理もできるようになります。

また、この図を記入する上でもっとも大事なことは、計画する際に「頑張る」とか「バリバリ仕事する」などと、**計測不可能な項目は書かないこと。教科書のページ数や、勉強する範囲など具体的なことを書くこと**です。

そのことにより、自分がどれだけ前に進んでいるかを測ることができるようになります。

さらに、予定だけでなく実際はどこまできたかを書き足すことにより、計画に無理があったかどうかを見直すことができます。

ちなみに計画に見直しはつきものです。計画を立てても見直しをしないと、なかなか前に進めません。計画通りに行かないと、すべていやになってスケジュールを見直さない人も多いのですが、この予定と実績の差をしっかり見つめることが、夢へと近づく一歩なのです。

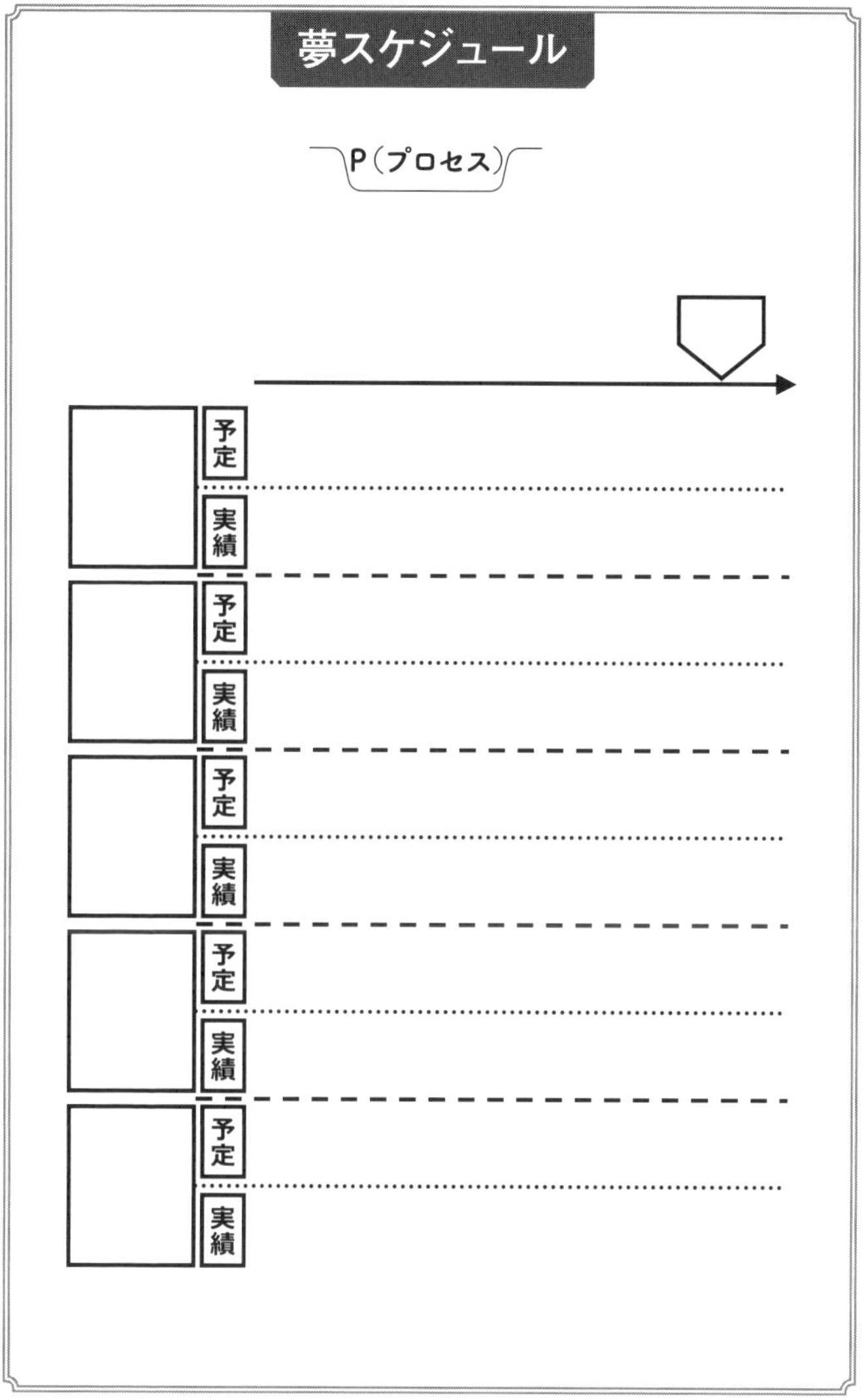
夢スケジュール
P（プロセス）
予定
実績
予定
実績
予定
実績
予定
実績
予定
実績

今、この瞬間にすべきことは何か…4色ＴｏＤｏマトリクス

先ほど紹介した「夢スケジュール」は、大まかな長期の予定をデザインするものでした。

しかし、それだけでは十分ではありません。たとえば「当日何をすべきか」という大まかな予定は決まっていたとしても、1日のうちには急に発生した用事や、夢に関係なくてもやらなければいけない仕事などがたくさん出てきます。

ここまで夢スケジュールに入れ込むと、ごちゃごちゃと見づらくなってしまいますよね。

そんなときはＴｏＤｏリストをつくる方も多いのでしょうが、ＴｏＤｏリストにも難点があります。今日すべきことをただ一覧にして、書き記すだけだと、すぐにやるべきＴｏＤｏと、そうでないＴｏＤｏがごちゃまぜになってしまうことです。

一見しただけでは、何を優先的に作業を進めていけばいいかわからず混乱してしまうのです。

そんなときにおすすめなのが、この**4色ＴｏＤｏ**マトリクスです。

P(プロセス)

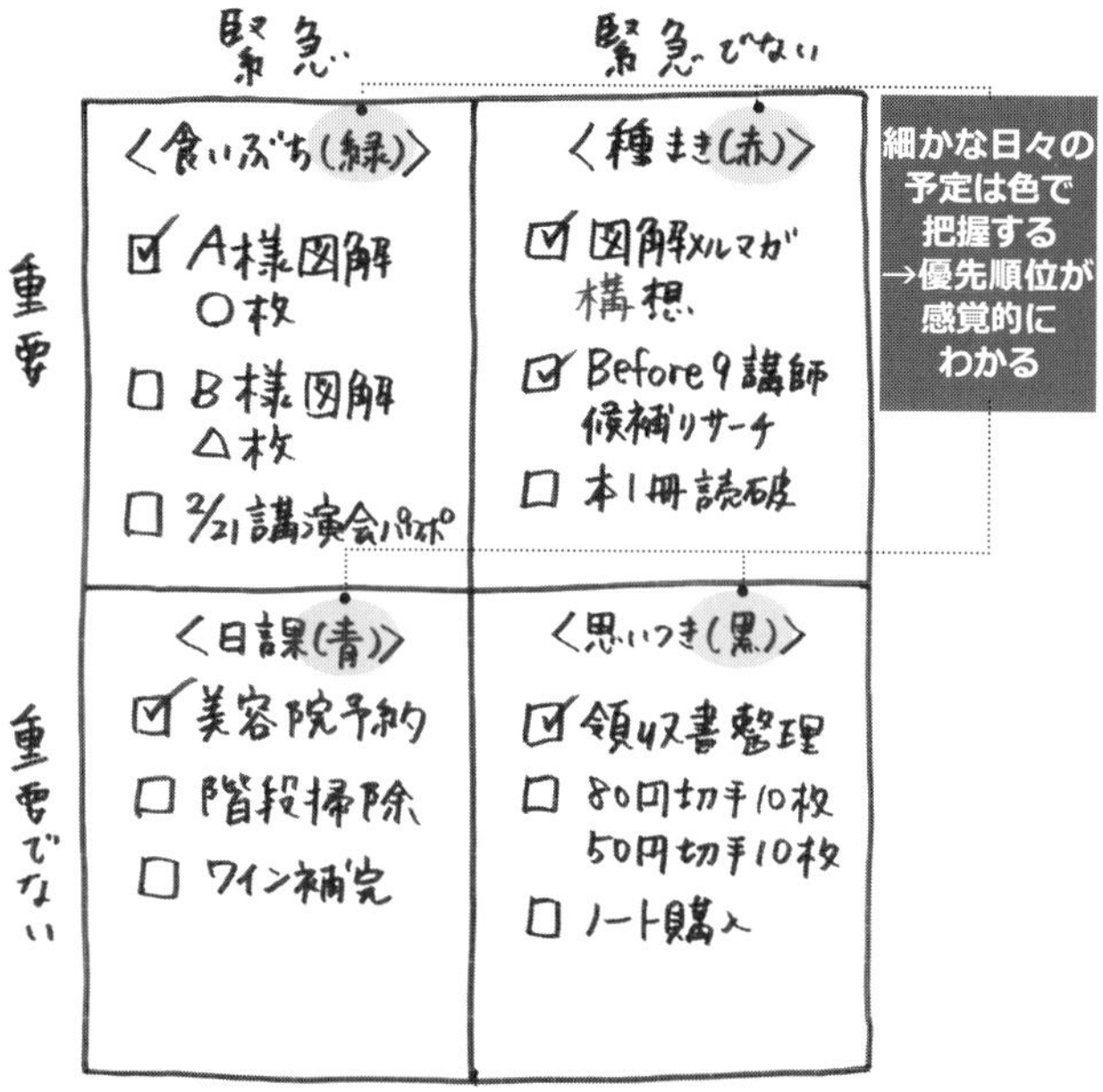

・食いぶち(緊急で重要なこと:緑)
……プロジェクト管理、毎日の会議、急ぎの電話対応など
・種まき(緊急でないけど重要なこと:赤)
……事業計画策定、将来のための勉強、運動、体によい食事、信頼できる人との交流、家族との団らん
・日課(緊急だけど重要でないこと:青)
……入金確認、一部のメール返信、掃除洗濯
・思いつき(緊急でも重要でもないこと:黒)
……無意味なネット徘徊、グチ飲み会

参考:「7つの習慣」スティーブン・R・コヴィー著、キングベアー出版より

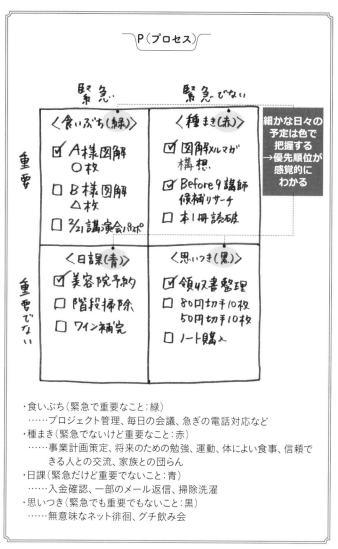

これは私の座右の書である「7つの習慣」（スティーブン・R・コヴィー著 キングベアー出版）からヒントを得て名前づけと色分けをし、感覚的にわかるようにしたものです。

このマトリクスに沿って1日のＴｏＤｏリストをつくると、**ＴｏＤｏの中での優先度の混乱が少なく、優先的にやるべきものと、そうでないものの区別がつきやすくなります。**

この中で注目すべきは、図の右上の「**種まき**」です。「食いぶち」「日課」はすぐに片付ける必要があるため、つい優先しがちです。「思いつき」は、ラクにできてしかも楽しいので、知らないうちに時間を割いてしまいます。しかし「種まき」の時間を増やせば増やすほど、将来についてよく考えられるようになるのです。

また、この色分けは一度覚えてしまうと、優先度が楽に把握できるようになります。たとえば手帳に予定を入れるときやメモ帳に書くとき、**「今記入しようとしている項目は何色だろうか」と意識して書くようにする**のです。すると、赤の時間（種まきの時間）を増やそうと、さまざまな工夫をするのが楽しくなってきます。

また、この図を意識しておくことによって、ついついネットサーフィンに逃げたくなってしまうときも、「今私は、黒（思いつき）の作業をしようとしている」と、頭の片隅で意識し、自制心を働かすことができるようになります。

4色ToDoマトリクス

P（プロセス）

	緊急	緊急でない
重要	食いぶち(緑) □ □ □ □ □	種まき(赤) □ □ □ □ □
重要でない	日課(青) □ □ □ □ □	思いつき(黒) □ □ □ □ □

参考：「7つの習慣」スティーブン・R・コヴィー著、キングベアー出版より

やらなきゃ…を、やりたい！に変える：Have to Want toかけはしシート

夢に向かって突き進むためには、さまざまな課題が立ちはだかります。やりたいことだけでなく、やらなければいけないこと、必要だとわかっていてもついつい憂鬱で後回しにしてしまうようなことも、たくさん出てくるでしょう。たとえば将来起業したいという目標を持っていたとしても、その資金を貯めるためには、本意でない仕事をしなければいけないときもあると思います。

そんなとき、「やらなきゃいけない」つまり、Have toの気分のまま仕事をしていると、貴重なあなたの時間が、不満だらけの時間になってしまいます。

どうせやるなら「やりたい！」と思いながら仕事をしたほうが断然楽しいですよね。

また、あなたが気持ちよく仕事をしていると、そのエネルギーは相手にも伝わります。お客様や上司だって、楽しく仕事をしている人といるほうが気分もいいし、その気分で結果も変わってきます。

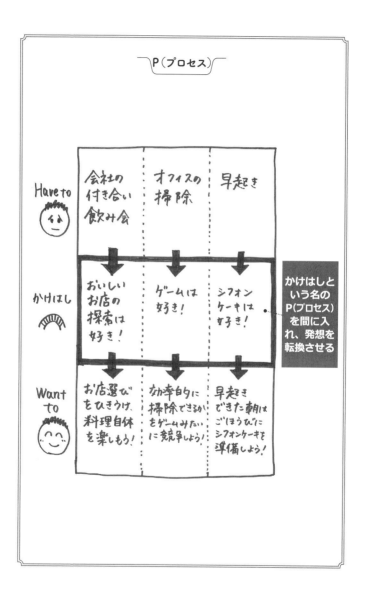

P（プロセス）

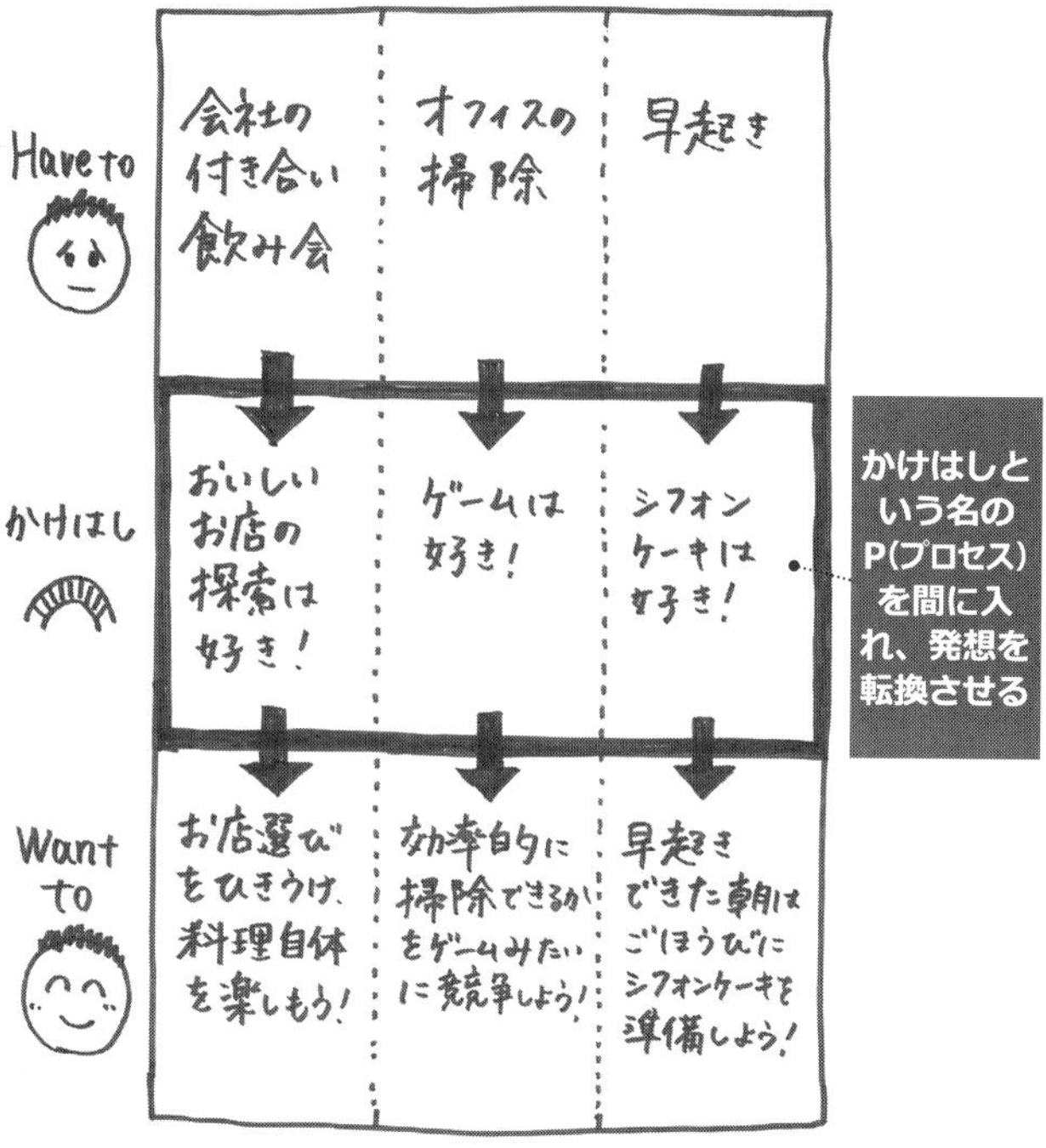
Have to
会社の付き合い飲み会
オフィスの掃除
早起き
かけはし
おいしいお店の探索は好き！
ゲームは好き！
シフォンケーキは好き！
Want to
お店選びをひきうけ、料理自体を楽しもう！
効率的に掃除できるかをゲームみたいに競争しよう！
早起きできた朝はごほうびにシフォンケーキを準備しよう！
かけはしという名のP(プロセス)を間に入れ、発想を転換させる

「でも、どうやったらそんなふうにマインドを変えられるのかわからない。やりたくないものはやりたくないし」

「無理矢理ポジティブになろうと思っても、やっぱり嫌なものは嫌だ」

そんなあなたにお勧めなのは、この**Have to Want to かけはしシート**です。

Have to（やらなきゃ）を無理矢理 Want to（したい）にしようと頭の中でこじつけてしまうと、心に違和感があるから、なかなか自然に楽しめません。

そこで、Have to と Want to のかけはしとなる、**あなたが「好き」なことを、ここに入れてワンクッション置いてみる**のです。

すると、やりたくない仕事、やる気が出ないことでも、「好き」でつながるので、やる気を持って取り組むことができるようになります。

誰しも、押しつけられたことよりも自発的に楽しいことなら、ものごとへの取り組み方も違ってきます。

このシートを使うと、**押しつけられたことが自発的なことに、自然とマインドチェンジできるようになる**のです。

Have to Want toかけはしシート

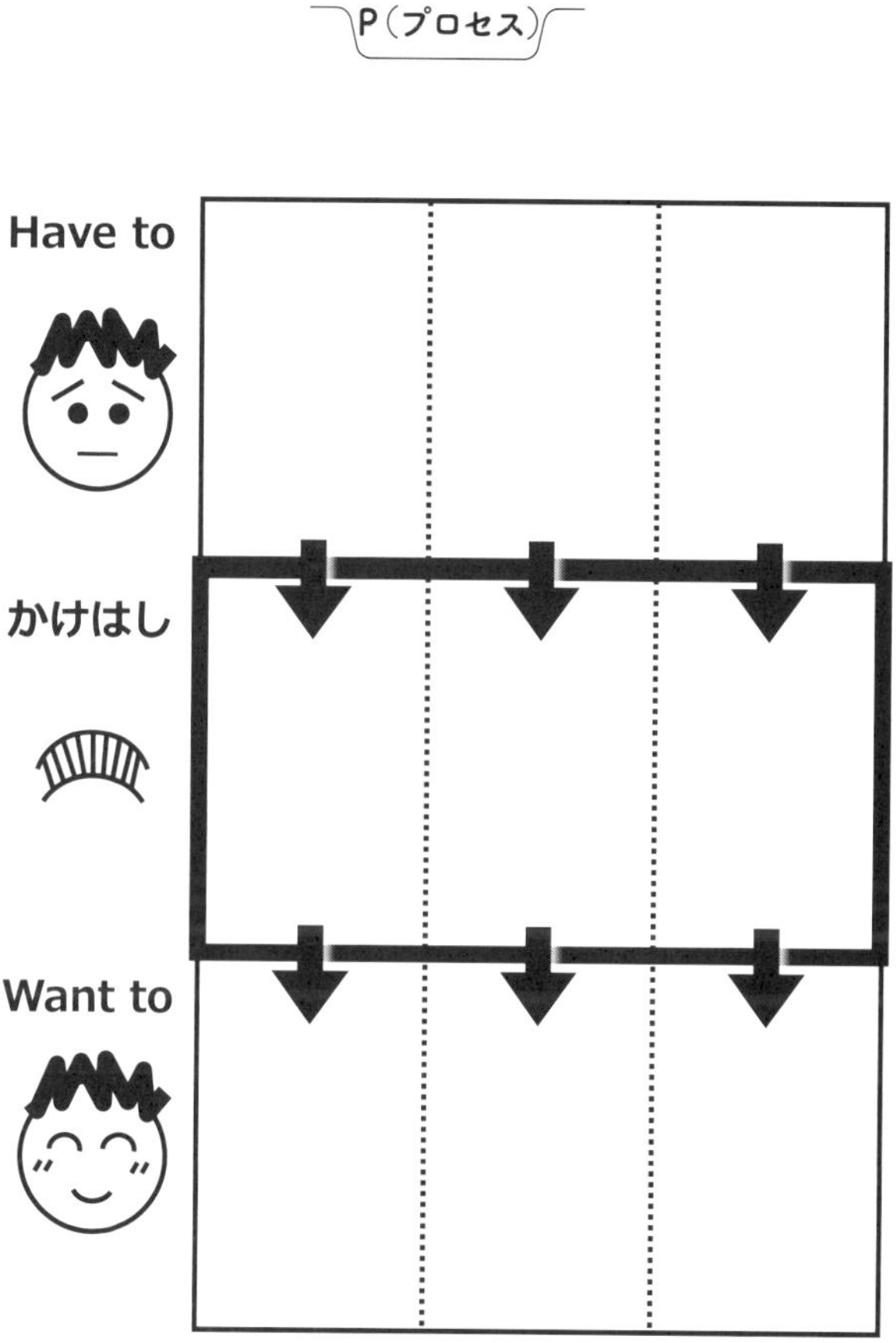

その問題は、何と何と何からできている？：原材料分析

夢について考えたいけれど、目の前の問題をやっつけるのに精一杯で、なかなか考える時間をつくれないという方もいらっしゃるでしょう。

その一方で、傍から見たら、あふれるほどの仕事量を持つ人が、涼しい顔で数々の仕事をこなしていることがあります。

問題が起きるたびにあたふたしてしまう人と、そうでない人の違いは何でしょう。

問題を要素ごとに分解し、分解した要素に合った対処法を試しているか、それとも問題を大きなひとかたまりとしてとらえ、見えない敵と戦って空回りしているかの差です。

どんなに大きそうに見える問題でも、要素ごとに分解すると、自分が一番困っている原

因や、取り急ぎ対処すべき事柄を突き止めることができます。

結果として、今自分ができることは何か、どこにメリハリをつけて問題解決すべきかがわかるようになります。

問題の原因を突き止めるのにおすすめなのが、**原材料分析**の図です。

たとえば、チョコレートのパッケージの裏側を見てみてください。

砂糖、カカオマス、全粉乳、ココアバターといったように、原材料が記載されていますよね。

チョコレートは単体として存在するのではなく、さまざまな原材料の組み合わせで成り立っています。また、それらの要素の配合具合によって、味わいも変わってきます。

あなたが抱えている問題も、チョコレートの原材料と同じだと、気楽に考えてみましょう。

原材料分析は、次のステップでおこないます。

①自分の抱える問題を「なぜ〜のか?」という疑問文にして、ノートの真ん中に記入する（例：なぜ仕事が忙しいのか?）
②そのまわりに、回答を思いつくままに記入する（ダブってもOK!）

回答を眺め、種類別に分類する
③四角を使って、構造を示す図をつくる

左はある方の「仕事が忙しい」という問題を分析したものです。

3つのステップを踏むことにより、漠然とした「仕事が忙しい」という問題が、大きく「性格問題」「構造問題」「教育問題」の3つに分類できることがわかります。

このように分類できると、ものごとを大きく眺めて、どのように優先順位をつけて対処すればよいかがわかるようになります。

この原材料分析の図を書くことで、何をすべきかが見えてくるのです。すぐに手をつけることができて、効果が高い対処法を欲しているのなら、まず教育問題から手をつければ

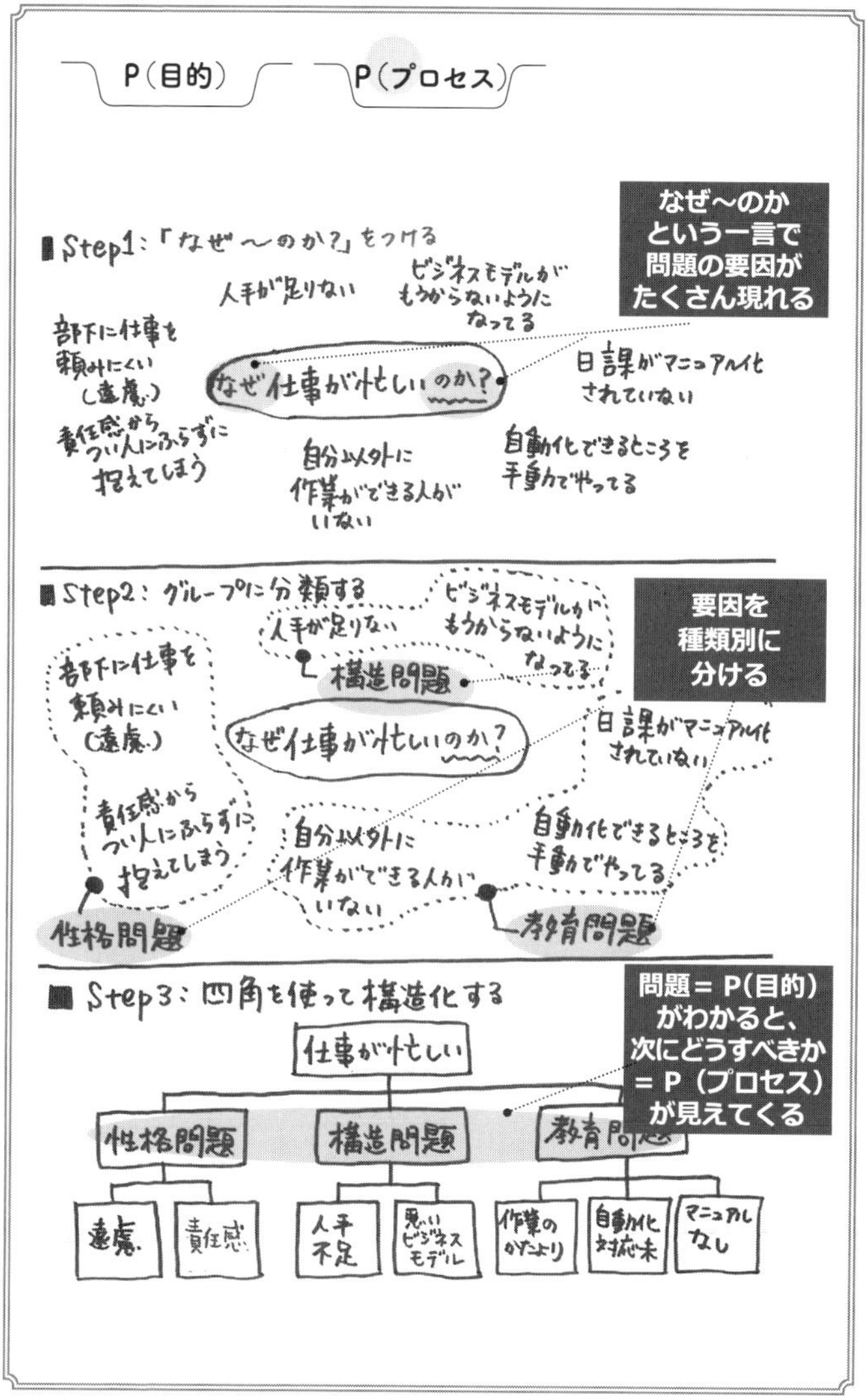
P（目的）
P（プロセス）
なぜ〜のか
という一言で
問題の要因が
たくさん現れる
Step1：「なぜ〜のか？」をつける
人手が足りない
ビジネスモデルが
もうからないようになってる
部下に仕事を
頼みにくい
（遠慮）
なぜ仕事が忙しいのか？
日課がマニュアル化
されていない
責任感から
つい人にふらずに
抱えてしまう
自分以外に
作業ができる人が
いない
自動化できるところを
手動でやってる
Step2：グループに分類する
要因を
種類別に
分ける
構造問題
性格問題
教育問題
Step3：四角を使って構造化する
問題＝P（目的）
がわかると、
次にどうすべきか
＝P（プロセス）
が見えてくる
仕事が忙しい
性格問題
構造問題
教育問題
遠慮
責任感
人手
不足
悪い
ビジネス
モデル
作業の
かたより
自動化
対応未
マニュアル
なし

いいとわかります。

もしもあなたがまだリーダー職でなく、構造問題にまでは口を出せない立場だとしても、こうして組織の問題点を自分なりに整理しておくことで気持ちに余裕が生まれます。また、上司に意見を求められたときに的確に答えられるので、評価される機会も増えてきます。

性格問題はなかなか変えられないかもしれませんが、自分が陥りがちなパターンを図にして意識しておくだけでずっと行動に気をつけるようになります。

ところで、問題を種類別に分けるときは「**これは何問題か？**」と問いかけるといいでしょう。実はこれは私の、ワタミ時代の上司の口癖でした。私が要領を得ない質問をすると、

「で、それは何問題？」

と上司に質問を遮られ、はっとする機会が多くありました。「何問題か？」をまず自分に問いかけると、問題点をきちんと分類してまとめようという意識が働きます。まずは、この問いを覚えておくことをおすすめします。

原材料分析

P（目的）　P（プロセス）

Step1・2　「なぜ〜のか？」と疑問文にしてリスト回答をアップする

Step3　「何問題か？」の視点で分類する

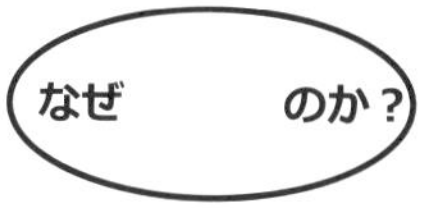

Step4　四角を使って構造化する

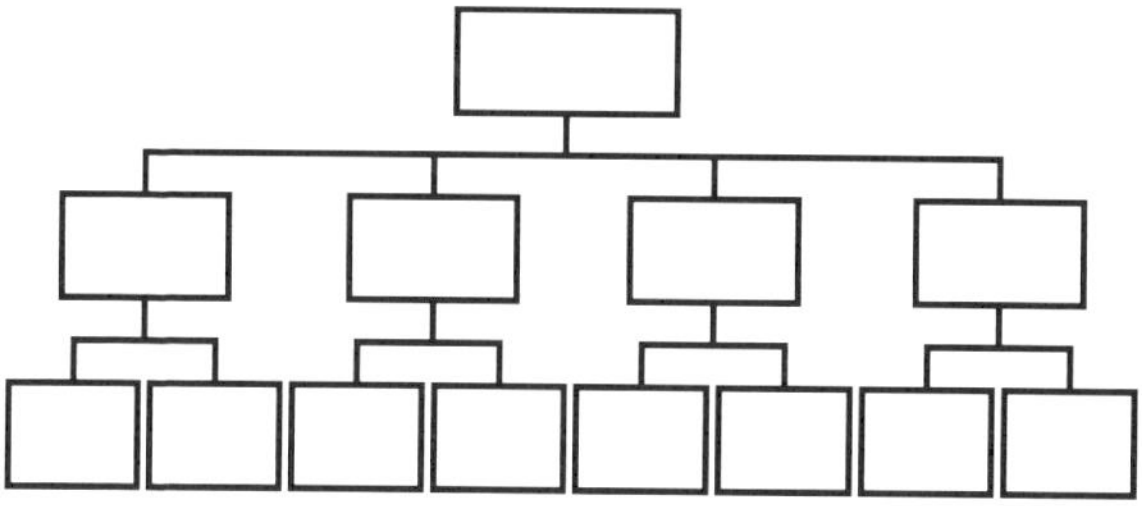

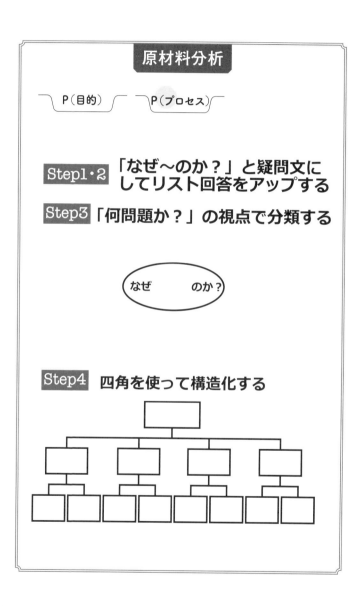

何のために学んでいるのかを思い出す：行動フォーカスシート

これは、自分を変えたい、仲間と切磋琢磨したいとセミナーや勉強会に足しげく通っているのに、なかなか成果が出ないと悩んでいる人に試してほしい図です。

本を読むとき、セミナーや勉強会に向かうとき、「自分は何のためにこのセミナーに行くのか」「今日、何を得ようとしているのか」「今日学んだことを明日からどうやって行動につなげていくのか」を頭に入れておくといいといいます。

ただ、初めはそう思っていても、セミナーに参加したり本を読んだりするうちに、だんだんその目的を忘れてしまうことはないでしょうか。

そんなときは、この「行動フォーカスシート」を使ってみてください。

空欄を埋めようという意識が働くので、漫然と学ぶよりもずっと、次の行動にフォーカスできるようになります。

また、このシートは、あなたが仕事でインタビューをするときにも活用できます。

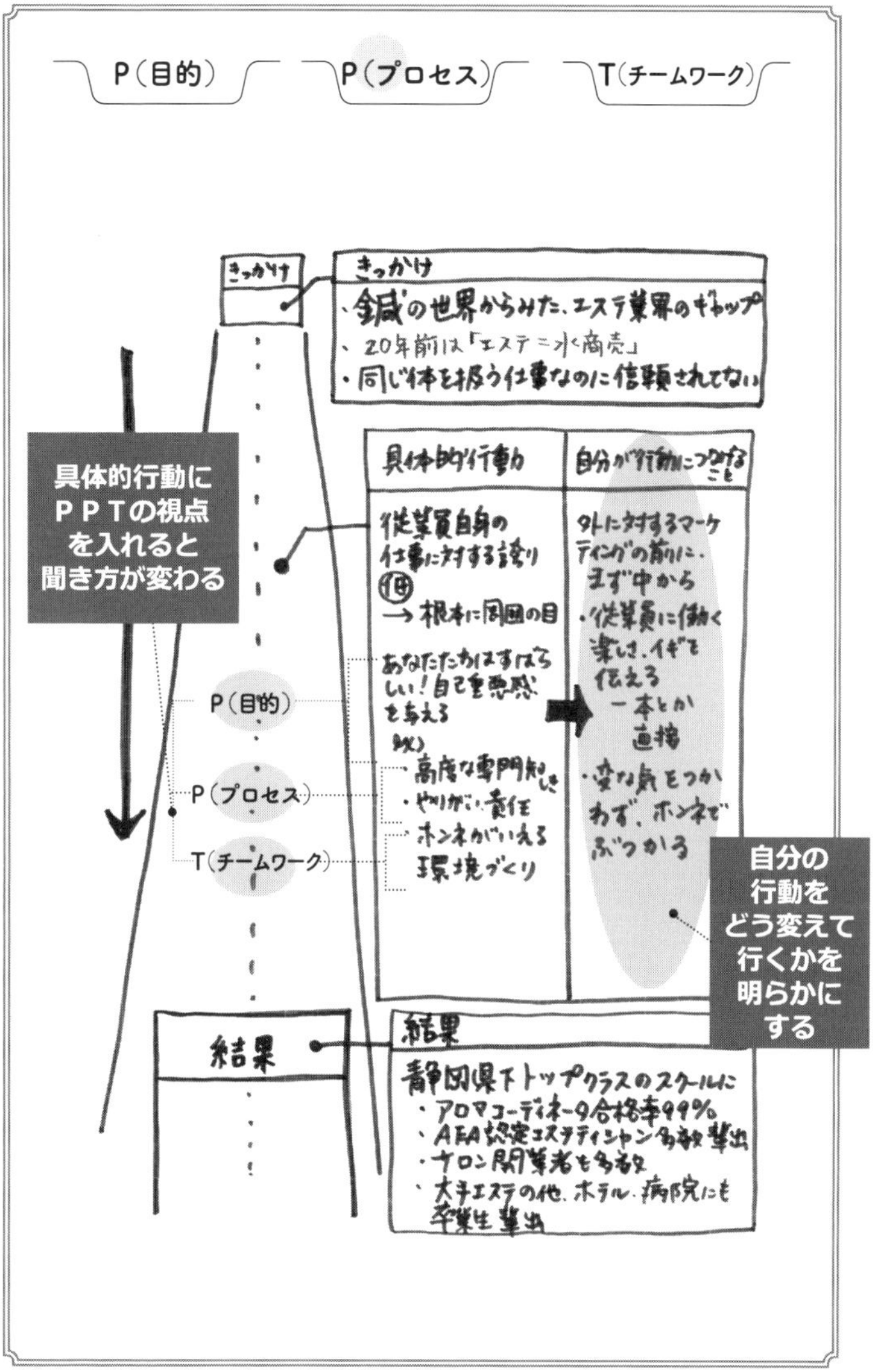
P(目的)
P(プロセス)
T(チームワーク)
きっかけ
きっかけ
鍼の世界からみた、エステ業界のギャップ
20年前は「エステ＝水商売」
同じ体を扱う仕事なのに信頼されてない
具体的行動にPPTの視点を入れると聞き方が変わる
具体的行動
自分が行動につなげること
従業員自身の仕事に対する誇り
あなたたちはすばらしい！自己重要感を与える
高度な専門知識
やりがい・責任
ホンネがいえる環境づくり
P(目的)
P(プロセス)
T(チームワーク)
外に対するマーケティングの前に、まず中から
従業員に働く楽しさ、イギを伝える
変な気をつかわず、ホンネでぶつかる
自分の行動をどう変えて行くかを明らかにする
結果
結果
静岡県下トップクラスのスクールに
アロマコーディネータ合格率99%
AEA認定エステティシャン多数輩出
サロン開業者も多数
大手エステの他、ホテル、病院にも卒業生輩出

前ページの図は、実際に私が起業家に行ったインタビューをまとめたものです。

曽根原容子さんは静岡県の総合美容グループ 有限会社エス．の代表です。大手エステチェーン入社後、弱冠29歳で西日本統括部長となり、売上10億円だった同社を200億円の組織に成長させ、会社の全盛期を築いたマネージャーです。現在は東洋医学とアロマセラピーを融合させたサロンや総合美容学校を経営。女性のキャリア支援や女性社員研修も手がけています。

この図のポイントは、**「具体的行動」と、「自分が行動につなげること」にもっともスペースを割いている**ところです。セミナーに参加したり、本を読んだりすると、講師の年商○億円とか、お客様のリピート率○○%という結果や、現在の輝かしいストーリーにばかり目がいきがちです。しかし本当はそういった「結果」よりも、その人が今の状態になるに至った「過程」がもっとも大事なのです。この図を使うことによって、**一番重要な過程を詳細に記入できるようになり、自分も実際に行動に移せる可能性がより一層高まる**わけです。

「具体的行動」のところは、PPTの視点を入れて書くと、さらに効果的です。そのことによって、具体的行動がどのような意味を持ち、それがどう結果につながっていくかという、細かいところまでわかるようになります。

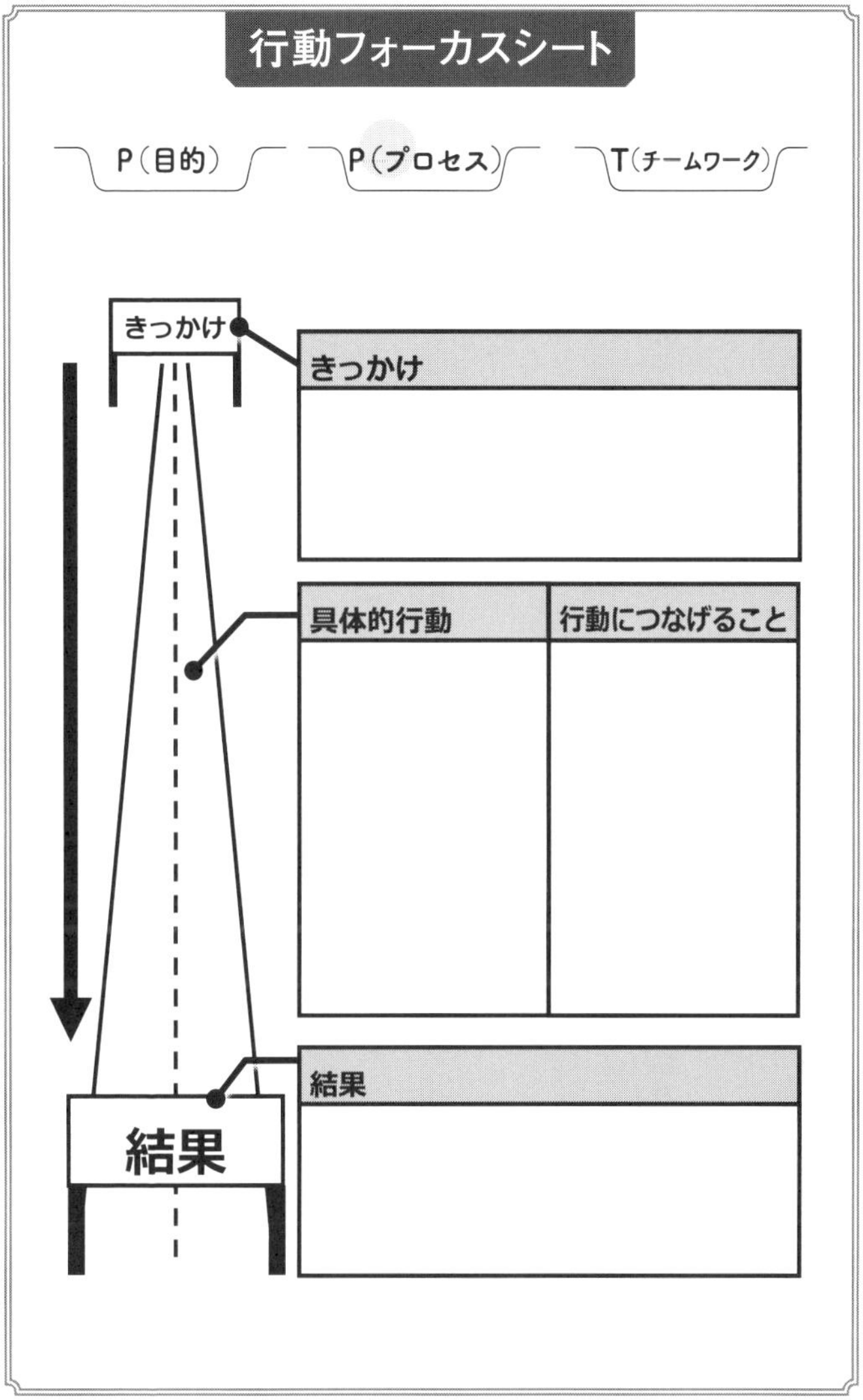
行動フォーカスシート
P(目的)
P(プロセス)
T(チームワーク)
きっかけ
きっかけ
具体的行動
行動につなげること
結果
結果

夢をかなえた人と自分を比べてみる：行動比較アクションボックス

あなたが夢を現実にしていく過程では、「頑張っているんだけれどなかなか思い通りにいかない」ということが、きっとあると思います。

そんなときは、夢をどんどん現実にしていくパワフルな人のことを「うらやましい、ずるい、私だって……」と、ひがんだり嫉妬したりする気持ちも、少しは出てきてしまうかもしれません。

そんなときは、この「行動比較アクションボックス」の図を使うことをおすすめします。

この図を使うと、夢をかなえた人が、ライバルから研究対象に変わります。

ただ「すごいな、それに比べて私は……」と落ち込んだり卑下したりすることなく、「どうしてあの人は結果を出しているのだろう」と分析する頭に切り換えられるようになるのです。

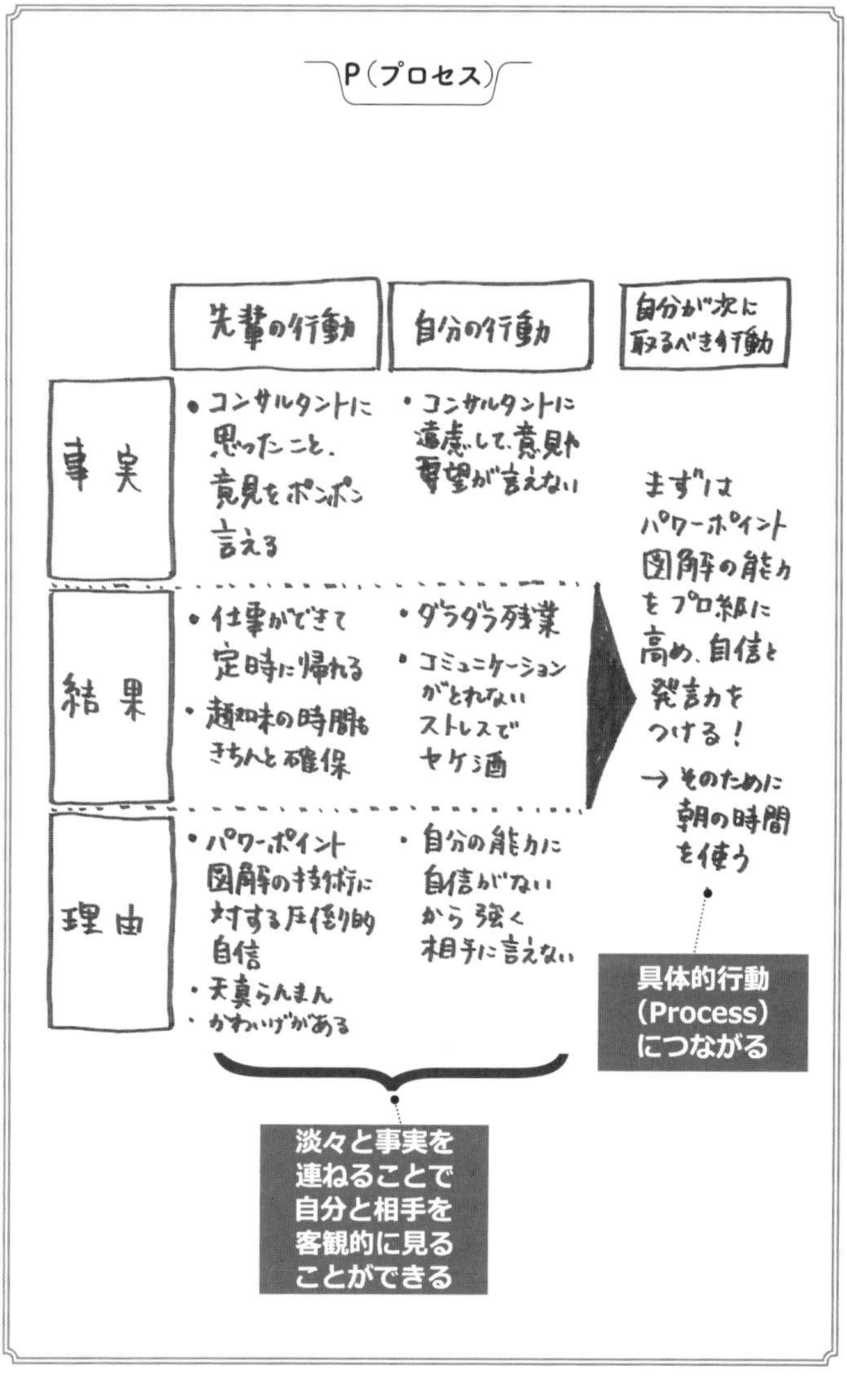
P(プロセス)
先輩の行動
自分の行動
自分が次に取るべき行動
事実
・コンサルタントに思ったこと、意見をポンポン言える
・コンサルタントに遠慮して、意見や要望が言えない
結果
・仕事ができて定時に帰れる
・趣味の時間もきちんと確保
・ダラダラ残業
・コミュニケーションがとれないストレスでヤケ酒
理由
・パワーポイント図解の技術に対する圧倒的自信
・天真らんまん
・かわいげがある
・自分の能力に自信がないから強く相手に言えない
まずはパワーポイント図解の能力をプロ級に高め、自信と発言力をつける!
→そのために朝の時間を使う
具体的行動(Process)につながる
淡々と事実を連ねることで自分と相手を客観的に見ることができる

すると、**相手が成功しているという結果ではなく、相手が成功するに至った原因のほうに考えが及ぶようになります。**

記入するときのポイントは、**相手の「結果」**（会社で賞を△回とった、年収○千万、メディア登場回数△回）**だけでなく、次の3つのポイントについて考える**ことです（便宜的に番号をふっていますが、この順番で考えなくても、わかるところから埋めていってかまいません）。

①どう考え、どう行動しているか
②現在、どのような結果を出しているか
③結果が出ている理由は何か

結果だけを書き連ねると、一体どうしたらその相手に近づけるかがわかりません。自分との圧倒的な差を見せつけられて落ち込んだり、「自分じゃ無理だ」と思ってしまったりします。しかし、相手が成功するに至った行動を淡々と書くことによって、余計な感情を抜きにして、素直に相手から学ぼうと思えるのです。

たとえば私は当初、コンサルティング会社には契約社員として入社しました。しばらく

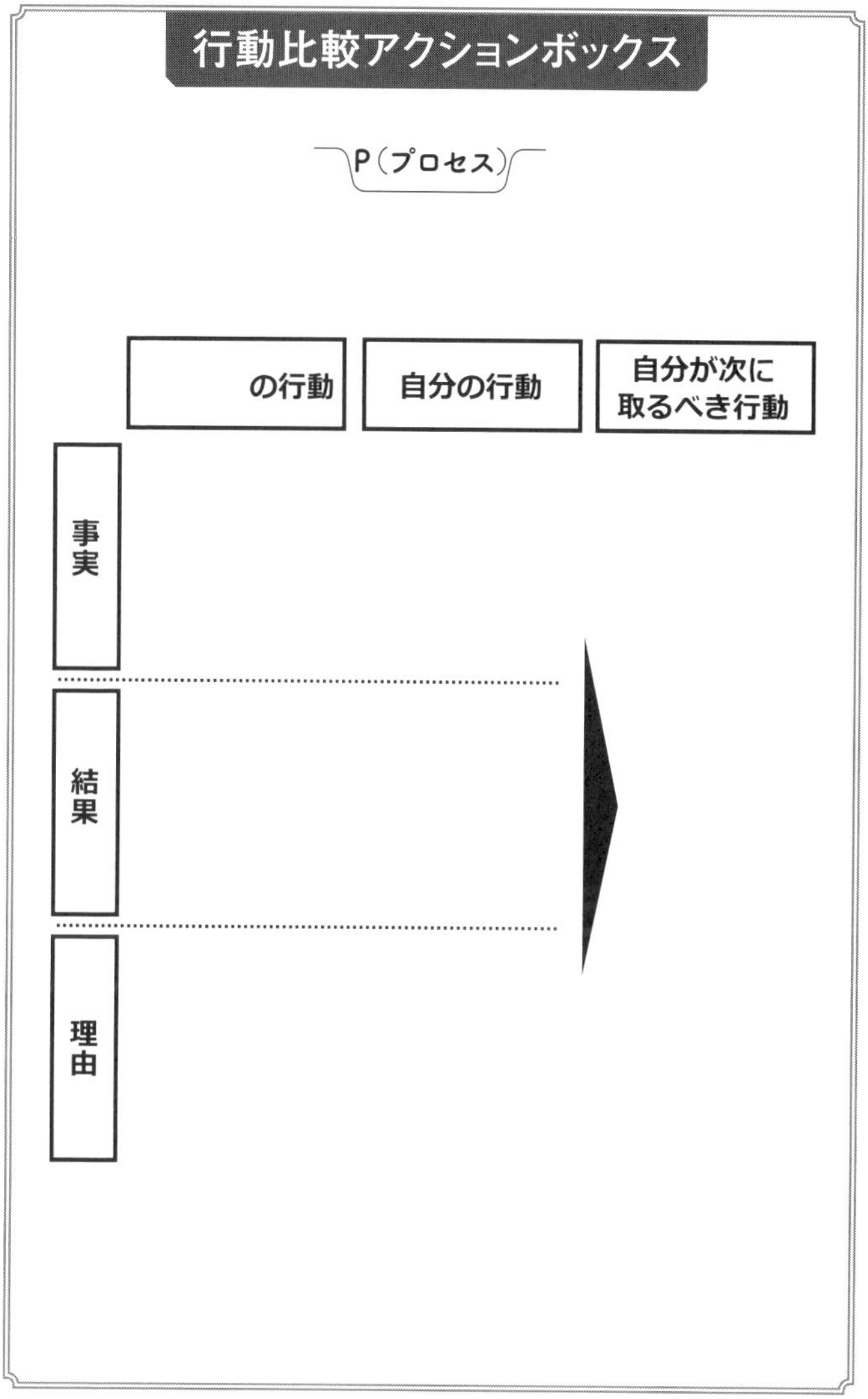
行動比較アクションボックス
P（プロセス）
の行動
自分の行動
自分が次に取るべき行動
事実
結果
理由

して正社員になれたものの、契約社員と正社員では仕事の進め方や求められる質に違いがあり、当初はなかなか慣れずに残業を繰り返していました。

一方、私の斜め後ろの席の先輩は、仕事をバリバリ進めながらも、毎日ほとんど残業もせず定時に帰っています。彼女の行動を分析し、自分と比較したのが155ページの図です。

彼女はコンサルタントと仲がよくて、思ったことを何でも口にします。それが相手の気分を害さない理由は、本質を衝いた、パワーポイントのプロならではの意見だからです。一方私は契約社員から社員になったばかりで右も左もわからず、パワーポイントに対する自信もなかったので、おどおどとコンサルタントの顔色をうかがうだけの状態でした。

この分析の結果、**まず自分がすべき行動がわかりました。**

「自分の能力を上げて発言力をつけることで、主張を嫌みなく伝えられるようになろう。仕事力、判断力にプロとしての自信をつけ、相手に対しても臆せずにものが言えるように精進しよう」。そう腹をくくることができたのも、この図のお陰です。

第6章

T（チームワーク）を使った図を書いてみよう

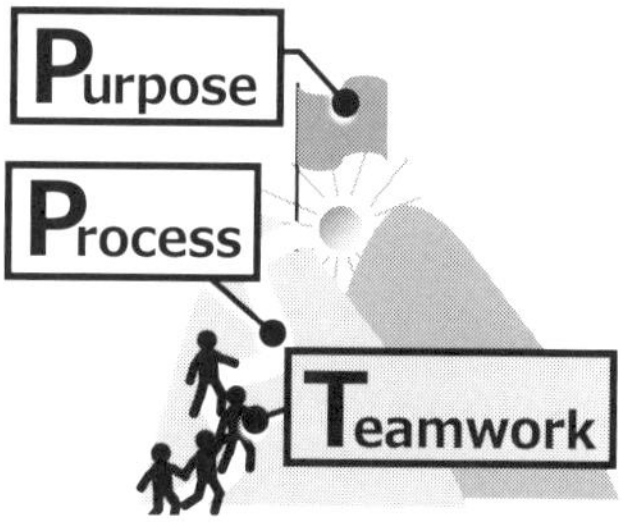

◎「はじめに」でもお伝えしましたが、私は大学4年の就職活動時、30社以上の会社から落とされました。今思い返すと至らなかった点は数え切れませんが、その中でも一番私に足りなかったのは、「PPTの法則」の中の「T（チームワーク）」でした。

◎その頃、就活生のあいだで大学名を入れた名刺を刷るのが流行っていました。名刺を持って大学生同士が集まり、勉強会をしたりしていました。しかし私の名刺は自分の名前と住所、メールアドレスだけ。「大学名ではなく、私の名前で勝負したい」という思いからでした。しかし受け取ったほうは、そんな名刺を渡されても、自分とどんなつながりがあるかもわからない私と、何を話せばいいのか、どうやって協力し合えばいいのかまったくわかりません。そもそも名前だけで勝負できる人なんて、大物芸能人くらいです。無名の私は、相手に対して「自分はこういう人です」とわかるようにしておくべきだったと思います。

図には、自分が考えるための図と、他人に伝えるための図の2種類がある

これまでの章では考えをまとめるために、洗いざらい頭の中を書き出し、整理していく手法をお伝えしました。ここで書くのは基本的にあなただけがわかっていれば済む、あなた専用の「図解メモ」でした。どれほど細かい字でぎっしりと書いていたとしても、自分さえわかればそれですんだものです。

しかし、自分の考えを相手に伝えるための図となると、話は変わってきます。自分が感じているワクワクをそのまま相手に伝えて応援してもらうためには、伝え方を考えなければいけません。

わかりやすく、相手に納得してもらえて、心を動かす図解には、自分ひとりで考えるための図解とは違うポイントがあるのです。

相手とチームワークを築き、夢を現実化する上での最初の関門は、**あなたが何者で、どんな仕事をしていて、どんな性格で、どんな夢を持っているかを知ってもらうこと**です。

つまり、あなたが夢を現実化するためには、「見ればわかる」「調べればわかる」という言葉は捨てなければいけません。また、T（チームワーク）は、相手があってこそのもの。ただ図をポンと渡して「見ておいてね」で築けるものではありません。

今までのP（目的）、P（プロセス）は、自分の深いところと向き合う孤独な作業でした。でも最後のT（チームワーク）は、一人では絶対に達成できません。

それゆえ、この章では図を見せて納得してもらうためにはどうしたらいいかという「伝え方の工夫」についてページを多く割きます。

夢を語る言葉はシンプルなほうがいい：類語辞典（シソーラス）で「結晶化」を

すでに述べたようにコンサルタントの口癖の1つに、「結晶化せよ」という言葉があります。これは、**言いたいことをシンプルに整理し、絞って相手に伝えましょう**ということです。

図を書いたら、その図にタイトルをつけると他人に伝えやすくなります。そのときに長くて覚えにくいタイトルをつけてしまうと、伝わりません。「結晶化」する必要があるのです。

そこでぴったりな言葉を探すトレーニングに便利なのが類語辞典（シソーラス）です。インターネットで検索すると、さまざまな類語辞典が見つかると思います。スマホのアプリにも類語辞典があるので使ってみてもいいでしょう。

「類語辞典」の存在は前職のコンサルティング会社の役員から教わりました。英語版の類

類語辞典で結晶化

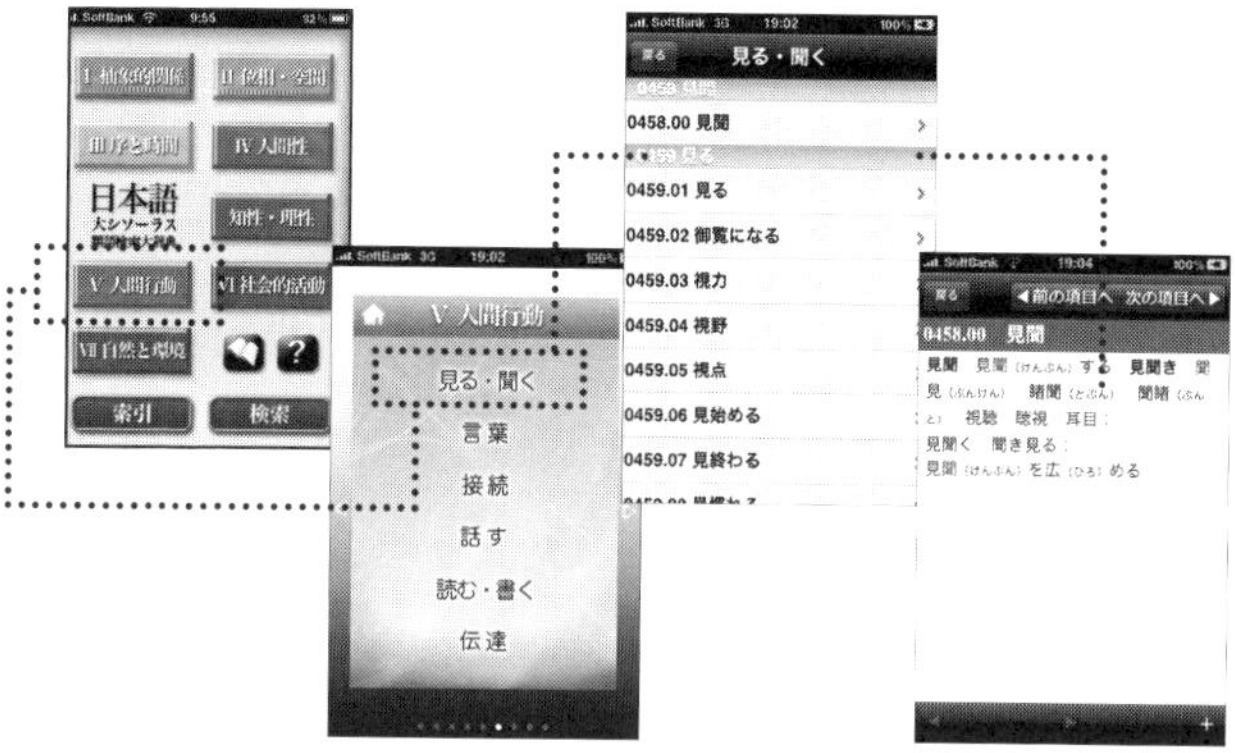

語辞典は、海外のＭＢＡ（経営学修士）スクールに通う人はほぼ１００パーセント持っていて、海外で論文を書くときの必須アイテムだそうです。

「ＭＢＡ時代に類語辞典を知って、すごく良かったから日本語版がほしいんだよねー」という何気ない一言を覚えていて、思いつきでアプリケーションがないか検索してみたら見つけられました。自分の思いにぴったりの言葉をみつけるのに役立つのでぜひ使ってみてください。

話を短くまとめる訓練にツイッターはぴったり

ツイッターは思いつくままに日常のできごとを記録したり、ニュース性があるものをいち早く伝えたりするのに使える気軽なツールです。

そのときどきのふとした感情、今いる場所、感動したできごとなどを気軽につぶやくという楽しみ方もあり、私も普段はそのような使い方がメインですが、たまには自分の意見を伝える訓練の場としてツイッターを使ってみてはどうでしょうか。

ツイッターは1回の投稿が**140文字までという制約があります。それを逆に利用して、140字以内で情報を簡潔に、わかりやすく伝える訓練をする**のです。

たとえば、PREP法（要点、理由、事例、要点の順に述べる手法）や5W2Hなどのフレームワークをツイッターで応用し、反応率をチェックしてみましょう。

PREP法とは、プレゼンテーションなど人にものを伝えるときにコンサルタントがよく使う手法です。

P＝Point：要点
R＝Reason：理由
E＝Exampe：事例
P＝Point：要点

という順番で伝えると、相手の頭にスッと入って理解しやすいというものです（ツイッターの場合は文字数が140字に制限されているので、最後のPは省略してもOKです）。

5W2Hについては、4章の「Why What Howの木」のところでも少し触れましたが、これはプレゼンテーションだけでなく、会議での発言やブログの記述、論文発表など人にものを伝えるときにも応用できる、シンプルかつパワフルな型です。

たとえばあなたが「早起きをしたい」と考えたとき、ただ「早起きをするぞ！」と誓ってツイッターでつぶやくだけでもいいのですが、次のように5W2Hで分解して考えてみてほしいのです。

Who＝私が、What＝早起きをして勉強、When＝明日から、Where＝ファミレスで、Ｗｈｙ＝資格試験に合格して来年までに年収を20万上げる、Ｈｏｗ＝朝ツイッターで早起きのみんなに挨拶をして目覚め、始発電車で会社近くのファミレスに行く。

これを１４０字以内で簡潔にまとめるにはどうするか、と頭の体操をしてみるのです。たとえばこんな感じです。

「資格取得で来年年収20万円アップするため、明日から早起き開始！　目覚めたらツイッターで挨拶、その後始発で会社近くのファミレスに行き毎日勉強予定」（70文字）

この訓練をしていると、会話の中でいきなり相手に質問されても、きちんと相手の頭に入るような説明が、だんだんできるようになってきます。リツイートの数も、ただなんとなくつぶやくよりも増えます。

ツイッターはブログやホームページに比べて、気軽にリアクションをもらいやすいツールです。自分の夢や目標を語ると、その反応をダイレクトかつスピーディに知ることができるので、ぜひ始めることをおすすめします。

ツイッターでPREP

ちなみに私のツイッターアドレスはhttp://twitter.com/ikedachie ですのでお気軽にフォローください！

その夢は、本当に「人を動かせる」のか？：Yes／Noチャートでチェックしよう

2章の「勘違い夢語り」のところでも少しお伝えしましたが、あなたの夢がいくらすばらしいものであって、世の中のためになるものだとしても、それが独りよがりにすぎなければ、だれも協力してくれません。

その夢を実現させるための考えや計画がなかったり、たとえあったとしても、うまく相手に伝えられなかったりするのであれば、**「よし、私が一肌脱いでやる」という人が現れる**ことは、まずありません。

自分が夢に向かって熱く盛り上がっていると、つい、相手も盛り上がってくれるはずだと勘違いしがちですが、**他人は思ったほど、あなたに興味を持っていないものなのです。**

ですから、相手に興味を持ってもらえるような伝え方をしなければいけません。

「私の目標は試験合格だから、自分一人で勉強していればいい。人の助けなんていらない」

と考える方もいるかもしれません。

しかし、受験勉強こそ自分一人ではできないものです。勉強時間確保のために家族や会社、あるいは通っている資格学校の方とのコミュニケーションがきちんととれてこそ協力体制ができるものです。そうでない場合は、もし合格できてもその後、家族との関係が冷え切ったものになってしまうような可能性も十分あり得るのです。

では、「一肌脱いでやる」と思われるということはどういうことでしょうか。

それは、あなたが夢をかなえることで、相手にも何らかのメリットがあるということです。これは金銭的メリットに限らず「あなたといるから楽しい」「元気になれる」という心理的なメリットも含まれます。

あなたを応援することによって、相手にどんなメリットを与えられるかを診断する際におすすめなのが、Ｙｅｓ／Ｎｏチャートです。

これは、提示された質問にＹｅｓ／Ｎｏで答えていくことにより、あなたの今のアイディアがきちんと練られているかを判断する、リトマス紙のようなものです。

あなたの夢を周囲に話す前に、以下の３つの質問を自分に投げかけてみてください。

①目標は明確か？
②準備はできているか？
③達成できたらどれだけの効果があるのか？

この質問にすべて答えられれば、あなたの夢が周囲に伝わり、応援してもらえる確率が高いということです。

ここでご紹介するのは、5章でも紹介した、現在弁護士をしている白川敬裕さんの話です。

白川さんは小学生のとき、親戚が裁判所に調停委員として勤めていた関係で、裁判官という仕事に興味を持ちました。中学時代から司法試験を目指して勉強し、現役で東京大学に合格しました。司法試験合格のための予備校には、大学3年生くらいから通う人が多かったそうです。しかし、白川さんは大学在学中に合格することを視野に入れ、自分の勉強スタイルを維持しながら司法試験

P(目的)　P(プロセス)　T(チームワーク)

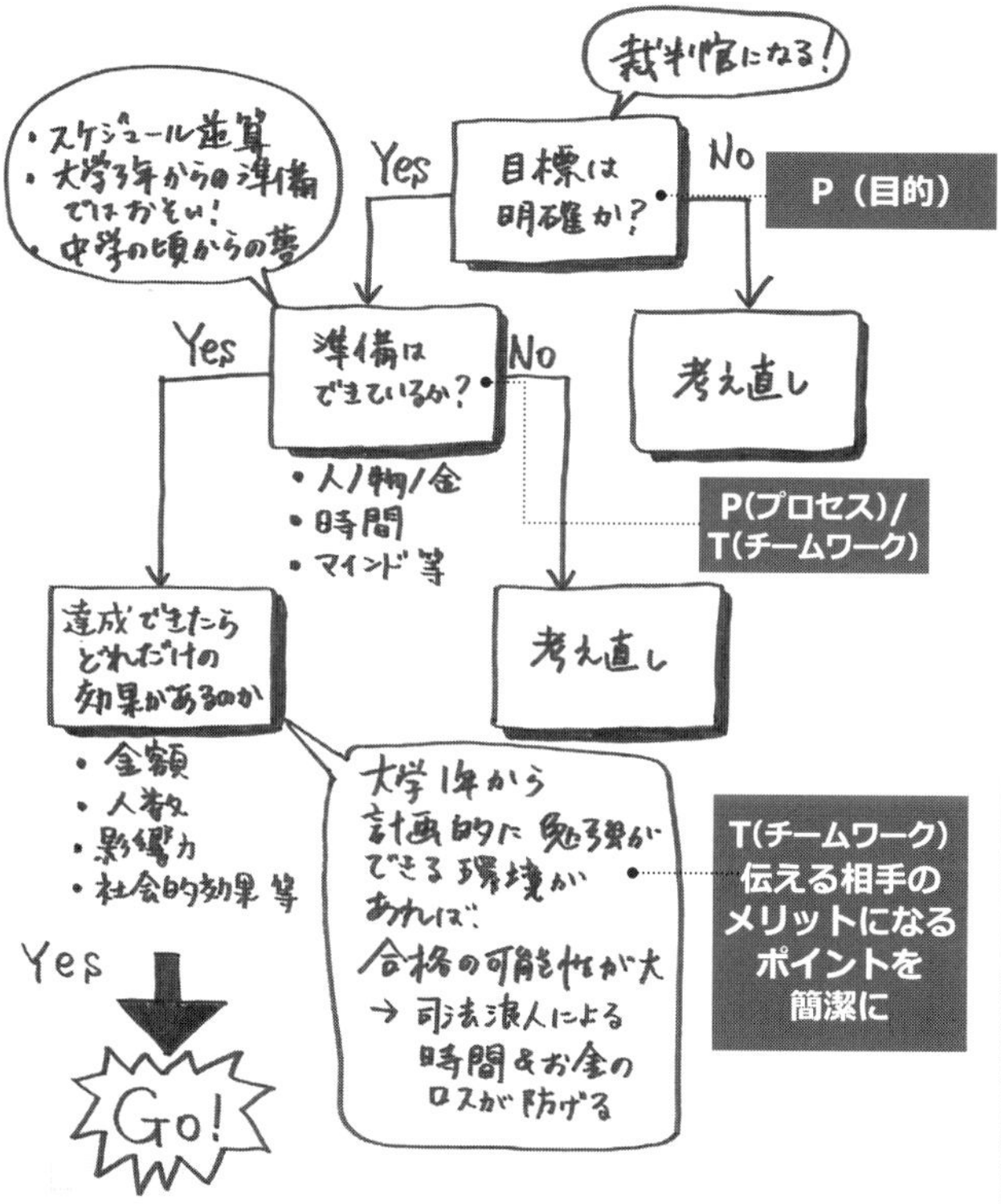

に合格するにはどうしたらいいかを逆算しました。その結果、1年生のうちに予備校に通うことが最適だとわかりました。そこで両親に1年生のうちから予備校に通うことを許してもらおうと考えたのです。

とはいえ、白川さんは一人暮らしで仕送りをしてもらっている身。大学1年から通うということは、その分、仕送りを増やしてもらうということです。

そんなとき彼は両親に向かって、司法試験合格への夢について語り（目標は明確か？）、そのための計画を説明し（準備はできているか？）、1年のうちから司法試験について準備することによって、合格率が確実に上がるということ（達成できたらどれだけの効果があるのか？）を伝え、司法試験予備校に通うことを了解してもらったのだそうです。

特に家族に対しては何も言わなくてもわかると思い、改まってコミュニケーションを取ることができない方もいると思います。

しかし、本音のフィードバックをくれるのも、いざというときに、一番支えてくれるのも家族なのです。このYes／Noチャートをクリアしたら、一度家族に向かって夢を語ってみてください。

Yes／Noチャート

P(目的)　P(プロセス)　T(チームワーク)

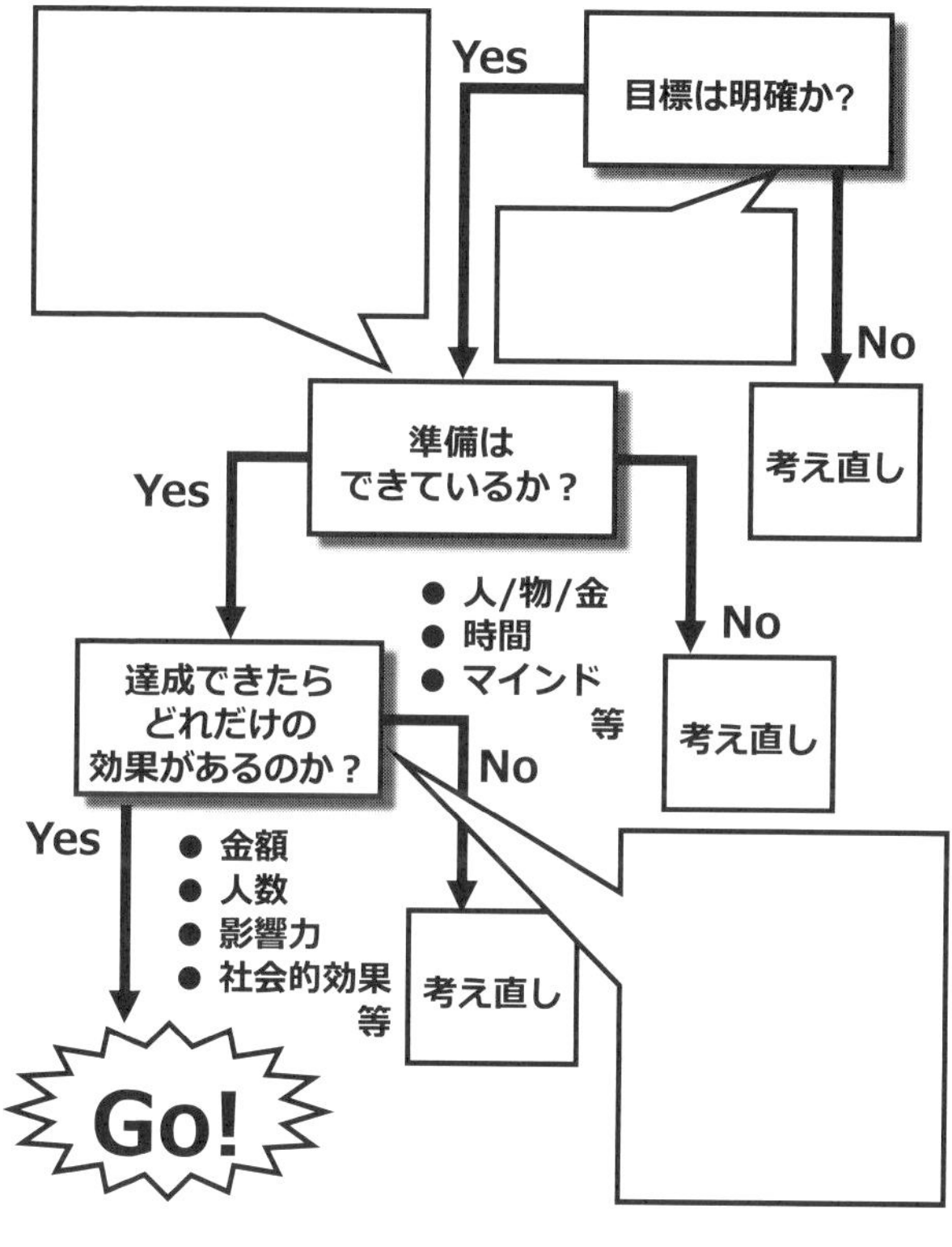

絶対に「イエス」と言わせる：GARPFS（ガルフス）メソッド

PREP法の他にも、何かを伝える際に、相手が納得しやすい論理展開の方法があります。

それは私が**GARPFS（ガルフス）メソッド**と呼んでいるものです。これはわかりやすいプレゼンテーションに共通する論理展開の頭文字を取ったもので、私が14年間プレゼン資料をつくり続けて見つけた法則です。

たとえば、あなたの夢を実現するためにどうしても資金が必要だとしましょう。そこで資金提供者に出資をお願いに行くときや、自分の夢を応援してくれそうなキーパーソンにプレゼンテーションする機会に恵まれたときなどは、このメソッドを活用してみてください。

そこまで大がかりな機会はないという方でも、あなたの夢に興味を持った方とランチをする際に、このメソッドで作った資料を見せてみてください。

この本で紹介している図は1テーマにつき1枚でつくるのが原則ですが、これは1枚で表現するとごちゃごちゃして、かえってわかりにくくなるため、6~10枚程度のスライド資料として作成するのがおすすめです。

プロジェクターを使った本格的なプレゼンテーションでも使えますし、営業先に提案する資料としても使えます。ぜひ試してみてください。

G＝Goal：目的、共通認識を共有（同じゴールに向かおう！）
A＝Analyze：目的達成方法の分析（こんな方法で調べました！）
R＝Result：分析から得られた結果（興味深い分析結果が出ました！）
P＝Propose：分析結果を踏まえた提案（ついては、ぜひこの提案を！）
F＝Future：提案が実現したときの未来（これを実行すればこんないいことがあります！）
S＝Schedule：導入までのスケジュール、具体的ステップ（具体的には、こんな手順で実行しましょう！）

まず、目的（Goal）を明確にして、相手に心の準備をしてもらいます。このプレゼンであなたが何を伝えたいのか、相手にどうしてほしいかという結論を最初にいうことで、相手は果たして自分はこの人の夢を応援できるだろうか、というスタンスでその後の説明を聞いてくれるようになります。

そして、分析（Analyze）、分析結果（Result）で、この夢には実行する価値があり、実行することによって何らかの恩恵やインパクトがあることを示します。

次に提案（Propose）で、分析結果を経て得られた結論と、それを踏まえたあなたの夢を訴えます。そして未来（Future）でこの夢がかなったあとの素晴らしい世界を描きます。ここでは、自分の利益が増える、というような利己的なものではなく、自分の夢がかなうことによって、世の中はこんなによくなる、ということを伝えましょう。また、Futureは楽観的未来だけでなく、悲観的なものもあえて入れ、そして解決策まで入れると信頼を得られます。

最後に導入までのプロセスやスケジュール（Schedule）を知らせ、ただの夢物語で終わらせるつもりではなく、自分はここまで考えている、というところをアピールします。

GARPFSメソッド

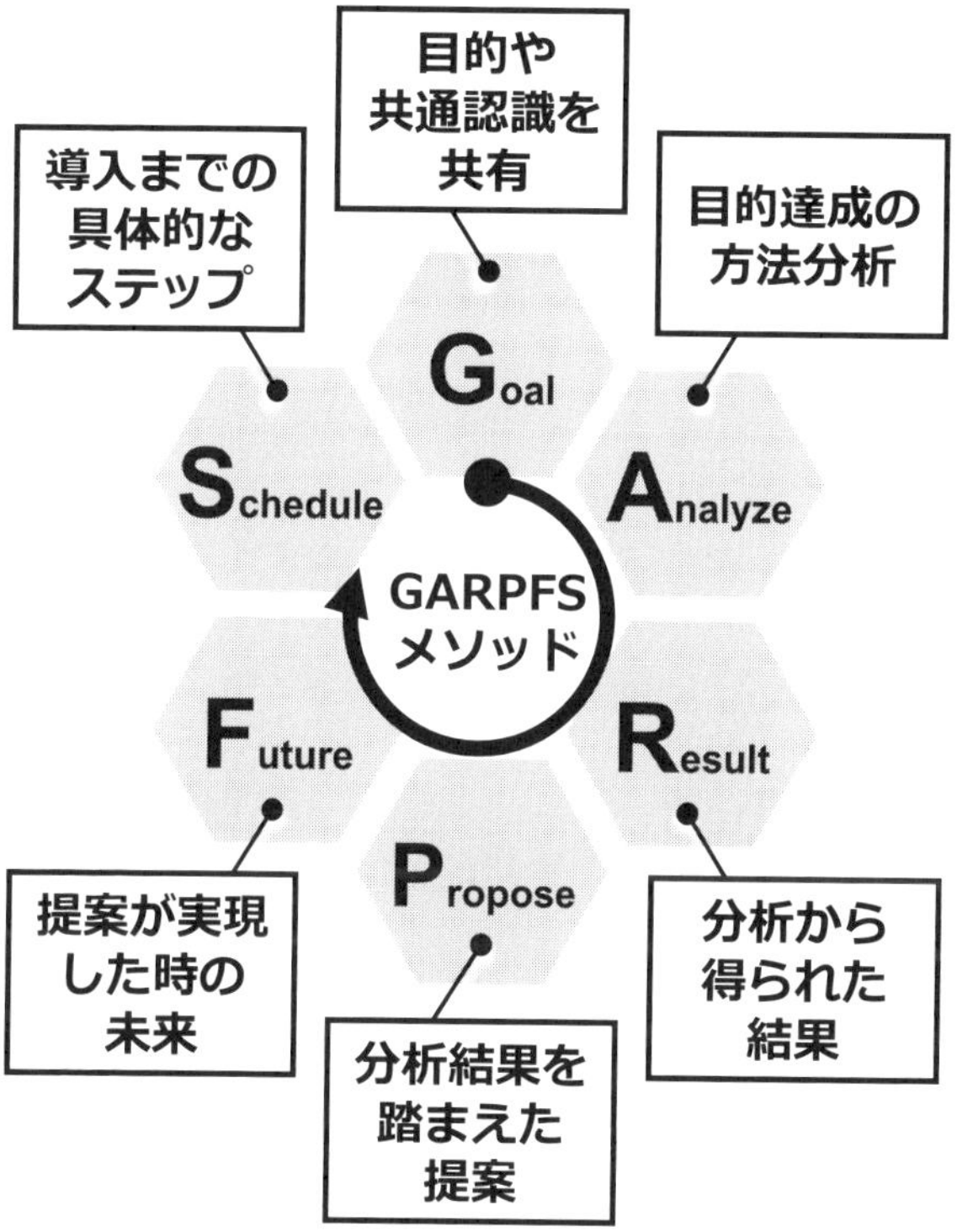
目的や
共通認識を
共有
目的達成の
方法分析
導入までの
具体的な
ステップ
Goal
Analyze
Schedule
GARPFS
メソッド
Future
Result
Propose
提案が実現
した時の
未来
分析から
得られた
結果
分析結果を
踏まえた
提案

この順番でプレゼンをすると、**相手が疑問に思う点を先回りして伝えることができるので、相手の頭にスッと入りやすくなる**のです。

私はこのメソッドを、初めての著書『「朝4時起き」で、すべてがうまく回りだす！』（マガジンハウス）の企画を、編集の方に提案する際に使いました。

後から聞いた話ですが、私がその説明をするまで、編集の方は、「ちょっとおもしろい気がするけど、本になるかどうかは話をちゃんと聞いてからだな」と思っていたそうです。

私はどうしても出版したい！　と思っていたので、編集の方にお会いする前に、このGARPFSメソッドに添ってパワーポイントで提案書を作り、メールで送付しました。

その提案書は次のようなポイントでまとめました（その後、さまざまな打ち合わせがあり、本の内容は少し変わりましたが、あえて当初の内容を紹介します）。

Goal：早起きによる時間活用により、仕事にも趣味にも全力投球なハイブリット型人間を増や

したい

Analyze／Result：ワークライフバランスという言葉の広がり、バランスが取れている人ほど仕事への意欲も高いことをデータで示す

Propose：自分の経験を通じて、早起きでどれだけ人生が変わり、ワークライフバランスが取れるようになったかを説明し、「4時起き」ライフスタイルを提案

Future：早起きする人が増えることにより、うつや自殺が減ると信じている

Schedule：本の構成案

すると、お会いしたときに、

「資料見ました。完璧です！　やりましょう！」

と言っていただけで、本が世に出ることになったのです。

このように、ここ一番のところで相手に協力してもらえる「型」が、GARPFSメソッドです。

あなたも絶対かなえたい夢があるときは、ぜひ、使ってみてください。

チャンスの女神を逃がさない「かげみ」のミッションシート

エレベータートークという言葉を聞いたことがありますか？

アポをとるのが難しいキーパーソンとたまたまエレベーターで乗り合わせたとき、エレベーターのドアが空くまでの短い間に自分の夢をアピールし、キーパーソンに興味を持ってもらえるぐらい、短く簡潔に話せるように準備をしておけということです。

でも、これをとっさにできる人なんて、そうそういませんよね。いくら準備していたとしても、いざとなるとあわててしまって、言いたいことの3分の1も言えないでしょう。

言いたいこと、伝えたいことはたくさんあるのに、気合を入れれば入れるほど、緊張し過ぎて空回りしてしまう。そんなときは、お守りとして図を活用してみましょう。

あなたの想い、目標、将来のミッションなどを図にして持ち歩いていれば、いつ誰に会っても、とっさのときに取り出せます。

もしも緊張しすぎて話すことが頭から飛んでしまったとしても、図解を見れば、概略を相手に伝えられるし、何もないままいきなり話し出すよりも、緊張が和らぎますよね。その上、あなたが用意している図解を相手に見せながら話すことができたら、相手には画像イメージとして認識されるので、より印象に残るようになります。

伝わる「図」が1枚あれば、どんなときでも相手に想いを伝えることは可能なのです。

図をお守りとして持ち歩いていれば、たとえば異業種交流会やパーティーなどで自分の夢や仕事内容をアピールするときにも使うことができます。

知らない人と話すのが苦手で、ついつい料理を食べるだけの「壁の花」になってしまう人でも、そうなることを防ぐことができます。

また、初対面で思うように話が進まなくても、図をわたしておけば、

「そういえばあいつ、こんなことを言ってたな」

と思い出してもらい、後で連絡をもらえたりすることもあります。

こんなときに使ってほしいのが**「かげみ」のミッションシート**です。

「かげみ」とは、**過去、現在、未来**の頭文字を取ったものですが、同時に「影見」という意味も込めています。

あなたが現在やっていることや、未来への原動力の中には、なにかしら過去の「影」が影響しているからです。

具体的には、自分の人生を振り返って、転機となった出来事とそれに関連して自分のとった行動を記入します。その結果どんなことが起きたのか、将来はどんなことが起きそうかを書き入れていくことで、あなたがどんな人なのか、なぜそのミッションを持つようになったのかが明らかになるというものです。

たとえば私の場合、中学2年のある日、担任教師がクラスの皆に向けて何気なく発した言葉に長く苦しみました。

「お前たち、千恵はＩＱが低いんだぞ。こんなにＩＱが低い千恵がいい点数を取ってるのに、それに比べてお前らはなんだ！」

それ以来私は、自分の人生がうまくいかないのはＩＱが低いからだと思い込み、くすぶる日々を送っていました。

しかし大人になるにつれ、「バカと思われたくない」という気持ちを発奮材料にして、朝4時起きして事前に準備をするようにしたり、図解の技術を徹底的に調べたりするよう

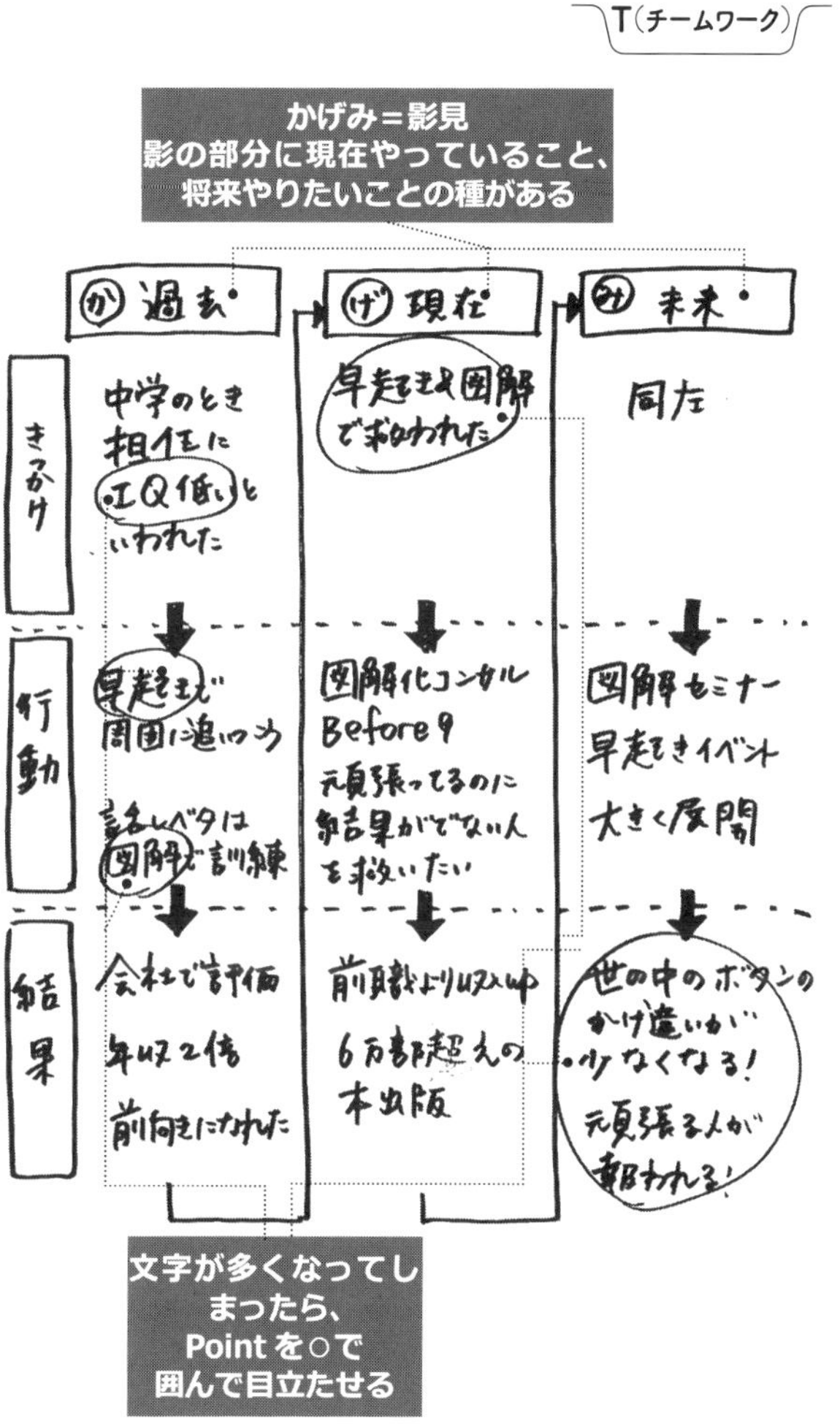
T(チームワーク)
かげみ＝影見
影の部分に現在やっていること、
将来やりたいことの種がある
か 過去
げ 現在
み 未来
きっかけ
行動
結果
中学のとき
担任に
IQ低いと
いわれた
早起き図解
で救われた
同左
早起きで
周囲に追いつく
話しベタは
図解で訓練
図解化コンサル
Before 9
頑張ってるのに
結果がでない人
を救いたい
図解セミナー
早起きイベント
大きく展開
会社で評価
年収2倍
前向きになれた
前職より収入UP
6万部超えの
本出版
世の中のボタンの
かけ違いが
少なくなる!
頑張る人が
報われる!
文字が多くなってし
まったら、
Point を○で
囲んで目立たせる

になりました。

だから今は、担任教師に心から感謝しています。「ＩＱが低い」というレッテルを貼られたことによって、一生懸命頑張っているのに、なかなかうまくいかない人の気持ちを汲み取ることができるし、頑張っているのにうまくいかない場合の解決策の1つとして、今こうして図解の技術をお伝えすることもできているからです。


一般的に「影」の部分は人に触れられたくないし、忘れたいできごとだと思います。しかし、影は逆に自分自身や周囲を突き動かす原動力にもなります。

なぜあなたが今この仕事をしていて、将来どんなことをしたいかという力強い理由が、「影」の部分には隠されているのです。

このシートは、あなたの考えを他人に見せるためのものなので、どこまで影の部分を書くかは、もちろんあなた次第です。でも、「影」はいつも心に置きながら書いてみてください。


また、この「かげみミッションシート」は、人に見せることを意識して、あえて過去・

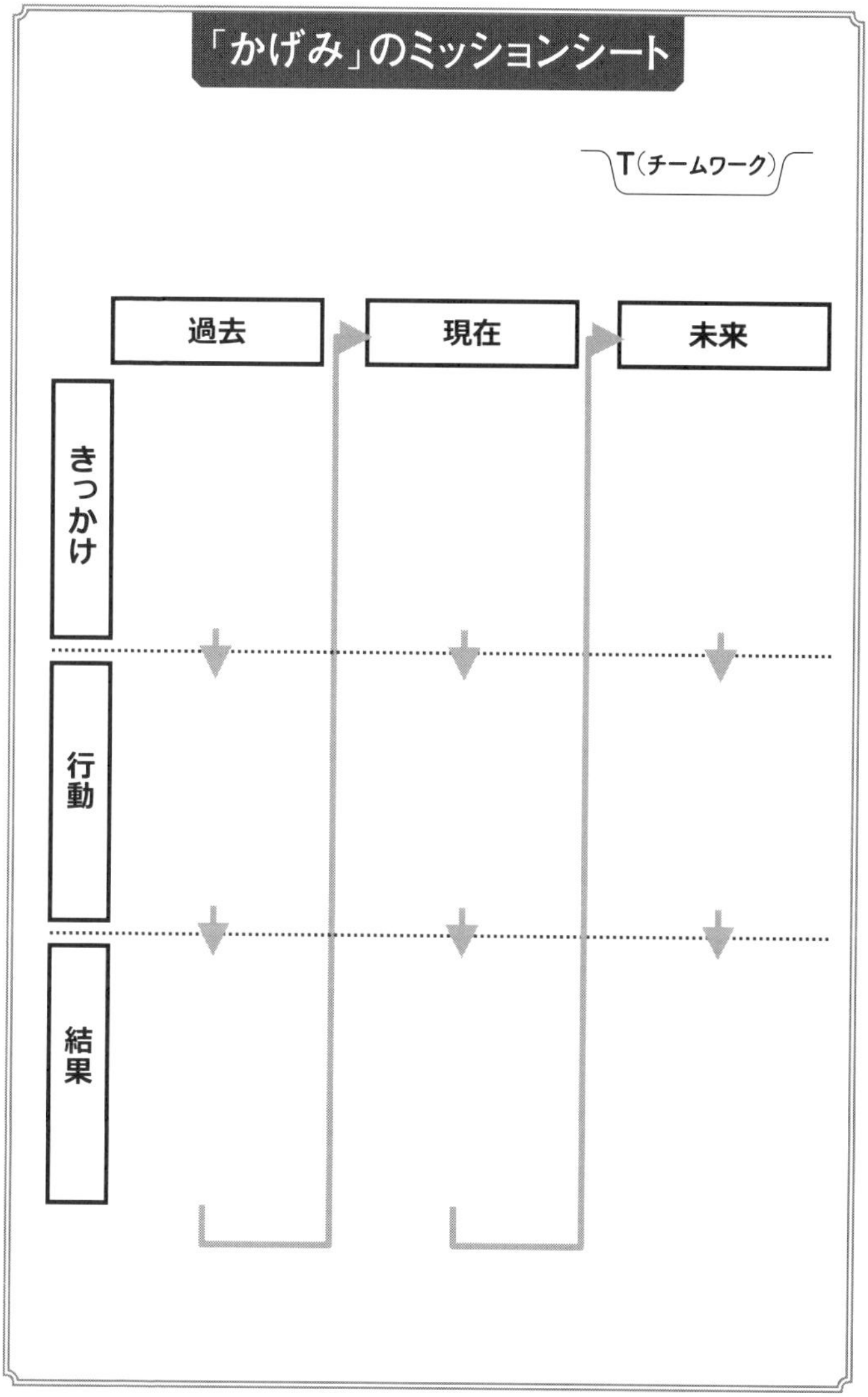
「かげみ」のミッションシート
T（チームワーク）
過去
現在
未来
きっかけ
行動
結果

現在・未来という大まかな分け方をしています。

分け方が大まかすぎて、なかなか考えがまとまらない場合は、4章で紹介したモチベーションチャートを参考に、感情の振れ幅に着目してみてください。

「かげみのミッションシート」に書き込む言葉はあまり長々と書くとわかりにくいので、短くシンプルに書くようにしてみてください。もしも長くなってしまうようでしたら、鍵となる言葉が埋もれないように、〇で囲んだりして目につくようにするといいでしょう。

この図をお守りにして持ち歩くだけで安心しますし、人に説明する機会も増えます。最後は図がなくても、内容をすらすら言えるようになるでしょう。

あなたのミッションがより多くの人に伝わり、周囲に協力してもらえるようになることを心から祈っています。

おわりに

おわりに

現役での大学受験失敗。一浪で入った大学を休学の末の再受験。
実家にもほとんど帰らず、友達もつくらず、成人式にも出席せずに一人黙々と勉強する日々を過ごしていました。

やっと志望大学に入学できた20歳の春。キャンパスの入り口まで続く長い並木坂を歩きながら、私は心はずませていました。

「私の目の前には、とてつもなく素晴らしい未来が広がっている」
「これからの私は、きっとなんでもうまくいく」

その期待はもろくも崩れ、失敗や自信喪失の連続だったことは、「はじめに」でもお伝えした通りです。

最近は過去の話をすると、「どうして千恵さんは何があってもめげないのですか？」と聞かれることが増えてきました。

もちろん、今でもめげることはありますが、めげてもそのあとで復活できる「お守り」を持っているために他の人からは「めげない」ように見えるのでしょう。

そのお守りとは、今回紹介した「夢を図にする」手法です。

あなたの未来は、あなたの過去の積み重ねです。頑張ってもうまくいかない、と悩む人は、積み重ねてきたあなた自身の過去をないがしろにして、一足飛びに「なにか違う自分」になろうとしているのではないでしょうか。

違う自分を探すより、今の自分を武器に換え、物事に取り組んでみましょう。現状を打破する鍵はあなたの過去に眠っています。自分には何もないと思っても、積み重ねてきた経験は、あなただけのものです。

過去の蓄積を「見える化」する手助けとなるのが、今回紹介した「図」を活用した思考整理法です。

ふがいない自分を責め、憂鬱な現状を嘆き、「なんでこうなるの？」と叫びたくなるような出来事があったとしても、そこから楽しみを見つけつつ這い上がり、前を向いて進んでいきましょう。過去の挫折や失敗は、あなたがそこから這い上がるプロセスを経て、ますます光り輝くのです。

夢を図にすることができたとき、きっとあなたは「これだけ自分は頑張ってきたんだから、きっとこれからも大丈夫」と思えるようになるでしょう。

さあ、ここからがスタートです。

2016年4月

池田千恵

この書籍は２０１０年３月に明日香出版社から刊行された『夢が現実化する「１枚図解」』を改題・加筆・再編集したものです。

池田千恵（いけだ ちえ）
株式会社 朝6時 代表取締役。
福島県生まれ。慶應義塾大学総合政策学部卒業。外食企業、外資系戦略コンサルティング会社を経て、2009年より企業・官公庁に向け、図解によるビジュアル化、コンセプト化でコミュニケーション改善／情報ギャップ改善を推進する研修講師として活動を開始。2009年7月に刊行した著書『「朝4時起き」で、すべてがうまく回りだす！』（マガジンハウス）が10万部を超えるベストセラーとなったのを機に、図解化コンサルティングに加え早起きによる時間の有効活用／思考整理／情報発信／時間管理／目標達成／女性のキャリア形成など幅広い分野で執筆、提言、講演、商品プロデュースを行うようになる。2015年8月、経営戦略としての朝活用を支援する「株式会社 朝6時」を創業。企業や自治体に朝型勤務導入コンサルティングも行っている。『絶対！伝わる図解』（朝日新聞出版）、『描いて共有！ チーム・プレゼン会議術』（日経BP社）などプレゼン・図解に関する著書多数。

株式会社 朝6時 ホームページ
http://asa6.co.jp

池田千恵公式ブログ
http://ikedachie.com/blog/

夢は図にするとかなう
「1枚図解」でできる思考の整理術

2016年5月10日　第1刷発行

著　者　池田千恵
発行人　出口 汪
発行所　株式会社 水王舎
〒160-0023
東京都新宿区西新宿6-15-1
ラ・トゥール新宿511
電話03-5909-8920

ブックデザイン　福田和雄（FUKUDA DESIGN）
編集統括　瀬戸起彦

本文印刷　厚徳社
カバー印刷　歩プロセス
製　本　ナショナル製本

ISBN978-4-86470-055-9

http//www.suiohsha.jp